*Lovely Tea Time
in Paris*

Salon de Thé Carette

Introduction

エッフェル塔を眺めたあとに、美術館をまわって
セーヌ沿いを散策したり、マレ地区でお買い物したり。
ガイドブックや地図を広げたときから、こころはわくわく。
パリに行ったら、歩いてまわりたい場所がたくさん。
お散歩の合間のひとやすみの場所は、どこにしよう?

サロン・ド・テの女の子らしい雰囲気も魅力的だし、
カフェで、パリジェンヌのように過ごす時間も素敵。
お菓子屋さんやチョコレート屋さん、パン屋さんの
店内にあるサロンでは、出来たてを味わって。
美しい景色や、かわいらしいインテリアと出会えれば
ティータイムは、とっておきの旅の思い出に……。

おいしい飲み物とお菓子、そしてパリの空気を楽しめる
サロン・ド・テやカフェへと、出かけましょう。
お店のドアを開け、ギャルソンと目があったら
にっこりとボンジュール!おいしいお茶時間のはじまりです。

ジュウ・ドゥ・ポゥム

本書で紹介したデータは、2012年2月出版時のものです。
掲載情報が変更する可能性もありますので、ご了承ください。

At the time of printing (February, 2012), all the information in this book is up-to-date.
It is possible, however, that over time some information and details may change.
We thank you for your understanding.

contents

Salon de Thé
サロン・ド・テを、朝から夜まで楽しもう

Ladurée ラデュレ ………………………………………… 8
Le Loir dans la Théière ル・ロワール・ダン・ラ・テイエール …… 12
Angelina アンジェリーナ ………………………………… 14
Pain et Chocolat パン・エ・ショコラ …………………… 18
Mariage Frères マリアージュ・フレール ………………… 20
Jean Millet ジャン・ミエ ………………………………… 24
Carette カレット ………………………………………… 26
A Priori Thé ア・プリオリ・テ ………………………… 30

Café
カフェで過ごす、パリジェンヌのように

Café des Deux Moulins カフェ・デ・ドゥ・ムーラン …… 34
KB Café Shop KB カフェ・ショップ …………………… 38
Hôtel Amour オテル・アムール ………………………… 40
Merci メルシー …………………………………………… 44
Verlet ヴェルレ …………………………………………… 48
Le Bal Café ル・バル・カフェ ………………………… 52
Hôtel du Nord オテル・デュ・ノール …………………… 54
Coutume Café クチューム・カフェ ……………………… 58

Pâtisserie et Chocolaterie
パティスリー＆ショコラトリーでひとやすみ

Jacques Genin Fondeur en Chocolat
ジャック・ジュナン フォンダー・アン・ショコラ ……… 62
La Pâtisserie des Rêves ラ・パティスリー・デ・レーヴ … 66
Jean-Paul Hévin ジャン＝ポール・エヴァン …………… 70
Un Dimanche à Paris アン・ディマンシュ・ア・パリ …… 74

Spécialités
このお店だけのスペシャリテをどうぞ

Le Boulanger des Invalides
ル・ブーランジェ・デ・ザンヴァリッド ･････････････ 78

Tartes Kluger タルト・クリュゲール ･･････････････ 82

Berthillon ベルティヨン ････････････････････････ 86

Rose Bakery ローズ・ベーカリー ･･････････････････ 90

Miss Cupcake ミス・カップケーク ･･････････････ 94

Cuisine de Bar キュイジーヌ・ドゥ・バー ･････････ 98

Air de Paris
パリらしい眺めや空間を、お茶のお供に

Le Jardin du Varenne ル・ジャルダン・デュ・ヴァレンヌ ･･･ 102

Le Salon du Cinéma du Panthéon
ル・サロン・デュ・シネマ・デュ・パンテオン ･････････ 106

Les Ombres レ・ゾンブル ･････････････････････ 108

Le Jardin du Petit Palais ル・ジャルダン・デュ・プチ・パレ ･･･ 110

Salon de Thé Bonpoint サロン・ド・テ・ボンポワン ･･･ 112

Thé d'Ailleurs
パリで味わう、外国のティータイム

Café Suédois カフェ・スウェドワ ･･････････････ 116

La Pâtisserie des Viennoises
ラ・パティスリー・デ・ヴィエノワーズ ･････････････ 120

The Tea Caddy ザ・ティー・キャディ ･･･････････ 122

Grande Mosquée de Paris グランド・モスケ・ドゥ・パリ ･･･ 124

Salon de Thé

Café

Pâtisserie et Chocolaterie

Spécialités

Air de Paris

Thé d'Ailleurs

Salon de Thé

サロン・ド・テを、朝から夜まで楽しもう

女の子の夢が詰まった、エレガントでスウィートな宝石箱

ラデュレ
Laduréé

ドキドキと胸が高鳴る、パリで過ごす最初の日は
旅のはじまりにふさわしい、優雅なサロン・ド・テへ。
ラデュレ ボナパルト店は、建物自体がまるでお菓子のよう。
ケースに並んだ、カラフルなマカロンやケーキを選んだら、
名前もロマンチックなオリジナルブレンドのお茶と一緒に。
ブティックで見つけた、箱入りのレシピブックは
きれいな写真の数々に、早速ページを開きはじめて。
やわらかな太陽の光が、天窓から差しこむ1階のサロンで
ゆったりと甘い、夢のような時間が流れていきます。

21, rue Bonaparte 75006 Paris
tél : 01 44 07 64 87
open : mon-fri 8:30-19:30
　　　　sat 8:30-20:30
　　　　sun 10:00-19:30
métro : Saint-Germain-des-Près
www.laduree.fr

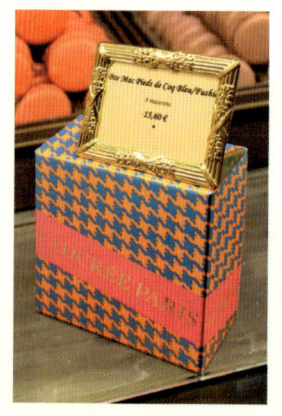

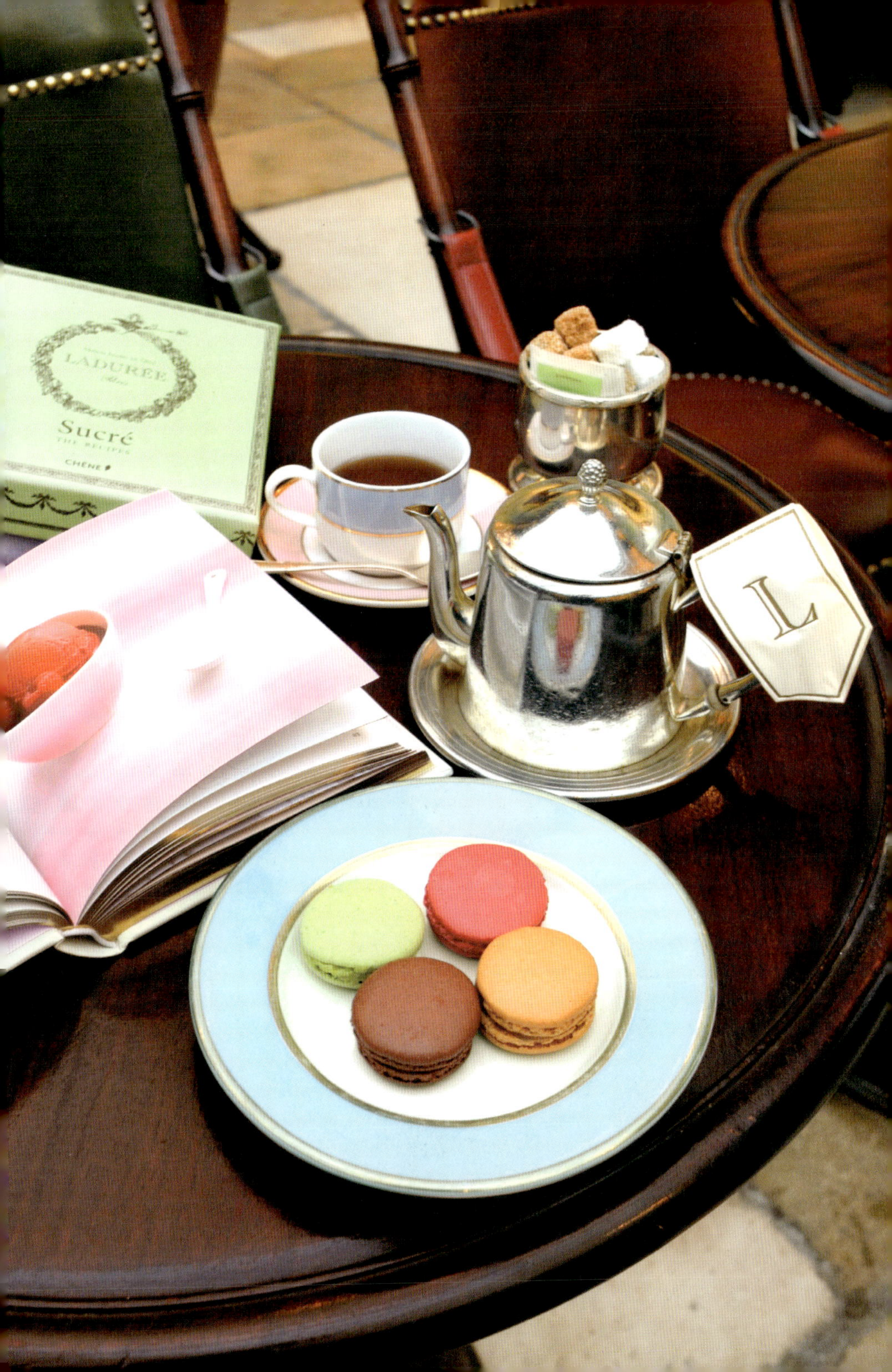
LADUREE
Sucré
THE RECIPES
CHENE

朝ごはんを、ちょっぴり特別な時間に

左上：メトロのサン=ジェルマン・デ・プレ駅を出たら、教会前のボナパルト通りを進んで。中上：ラデュレ・カラーのパステルグリーンにいろどられたファサードは、まるでマカロン・ボックスのような愛らしさ。右上：サロンのエントランスでは、おいしそうな色に焼けたパンが出迎えてくれます。朝ごはんのメニューは、12時まで。

いつもより早起きしたパリの朝。ラデュレの優雅な空間で朝ごはんをいただきながら、今日の計画を練るのも素敵な旅の思い出になるはず。4種のミニ・パンに、あたたかい飲み物とフルーツジュースがセットになった「ラデュレ・ブレックファースト」。ジャムやはちみつのミニボトルに、キャンディのように包まれたバターも添えられています。

上：天窓からやわらかい光が差しこむ1階のサロンは、コロニアル風のインテリア。やしの木やカラフルな鳥の姿が、壁にペイントされています。左中：2011年4月にシェフになったヴァンサン・ルマンが手がけた、いちじくとはちみつのカップケーキ。右中：甘酸っぱいオレンジとビターなチョコレートの風味が広がる、「タルト・ショコラ・オランジェ」。

マカロンをめしあがれ

1862年創業のラデュレで、20世紀はじめから作られるようになったマカロン。ラボラトリーで毎朝、手づくりされています。生地とガナッシュふたつの質感と風味がほどよく感じられる秘密は、お店に並べる前に2日間寝かせておくこと。シーズンごとに新しいフレーバーが発表されるのも楽しみ。

アリスの気分で、ホームメイド・ケーキのお茶会を楽しんで

ル・ロワール・ダン・ラ・テイエール
Le Loir dans la Théière

お店の名前は、ティーポットの中のヤマネという意味。
そう、にぎやかなマレ地区にある、このサロン・ド・テは
ルイス・キャロルの『不思議の国のアリス』がモチーフ。
エントランスのタイルにも、ヤマネの姿が描かれて。
ひとつひとつ集められた、アンティークのテーブルやイスは
どれも違うので、どの席につくか、迷ってしまいます。
大理石のカウンターにケーキが揃うのは、11時ごろ。
ショコラに季節のフルーツ……、私の目に留まったのは
イタリアンメレンゲがたっぷりのタルト・シトロン・メレンゲ！

3, rue Rosier 75004 Paris
tél : 01 42 72 90 61
open : mon-sun 9:30-19:30
métro : Saint-Paul

おしゃべりを楽しむサロン

お昼どきにはいつも満席という、マレ地区の人気サロン・ド・テ。お気に入りの席に座るには、朝早めの時間に訪ねてみて。人とのつながりを感じられる時間を過ごしてほしいというオーナーのポールさん。店内では、自分の世界に閉じこもりがちになるコンピューターは使用禁止です。絵画の展示会などのイベントが開かれることも。

上：壁面には、アーティストが描いたアリスのイラスト。中：とろとろのスクランブルエッグと薄いスライスのトーストがついた朝ごはんセット。左下：タルト・シトロン・メレンゲはオープン以来、毎日並ぶ定番ケーキ。壁面の鏡に、今日のケーキの名前が書かれています。右下：タルトタタンに、赤いフルーツのクランブルなど、焼きたてのケーキがずらり。

シックなサロンで楽しむ、パリ定番のこっくりモンブラン

アンジェリーナ
Angelina

226, rue de Rivoli 75001 Paris
tél : 01 42 60 82 00
open : mon-fri 7:30 -19:00
　　　 sat & sun 8:30 -19:00
métro : Tuileries
www.angelina-paris.fr

ルーブル美術館に装飾美術館、シックなブティックなど
アート散策やショッピングが楽しい、リヴォリ通り。
アンジェリーナは、お散歩の合間に必ず寄りたいサロン。
エントランスを入ると、ブティックに並ぶケーキに
目を奪われるけれど、やっぱり、ここではモンブラン！
リッチな気分になれる、濃厚なマロンペーストに
甘さのない生クリーム、その下にはさくさくメレンゲ……。
レシピは、1903年の創業から変わらないのだそう。
そのクラシックな味わいに、パリの定番を感じます。

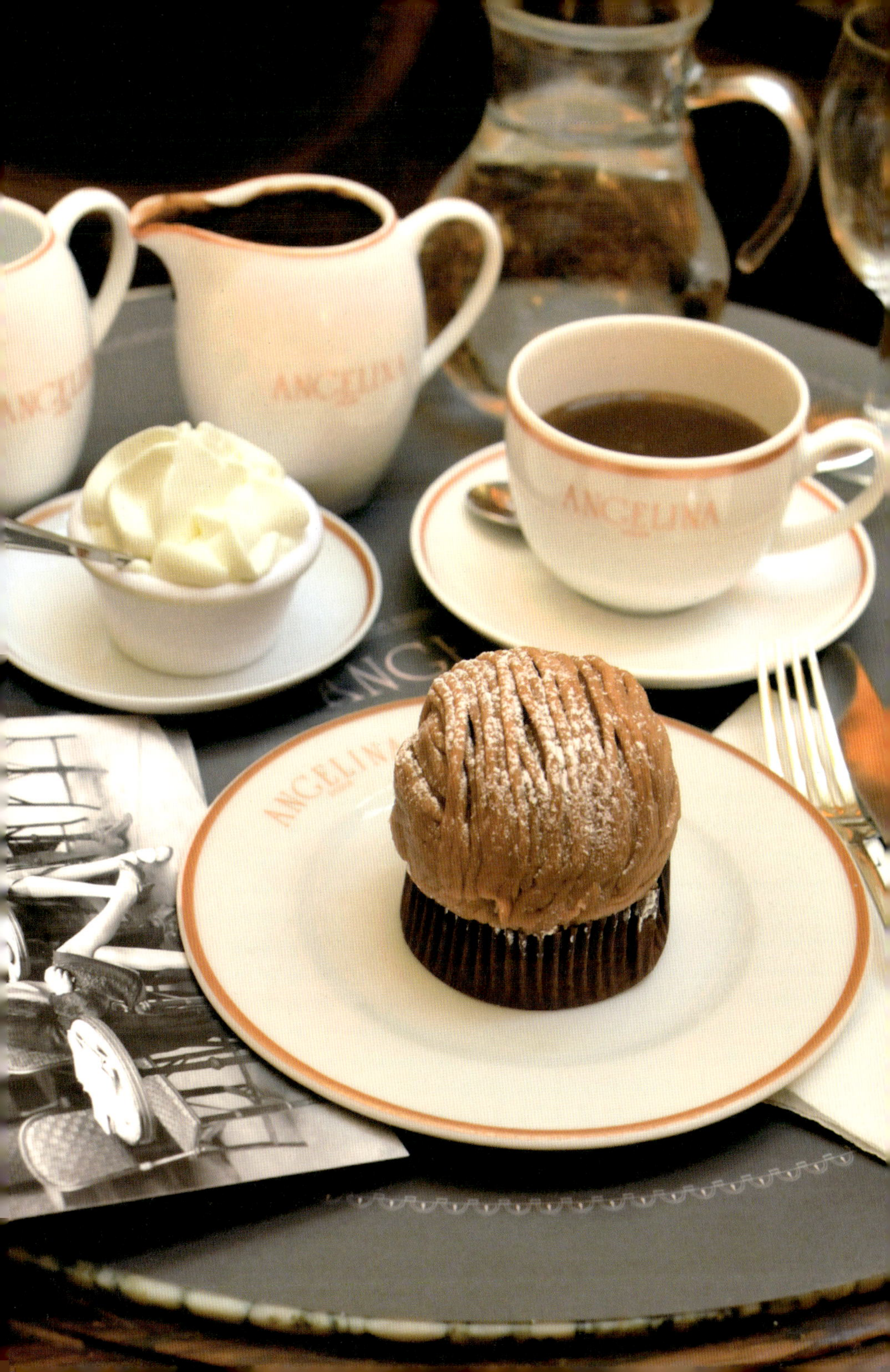
ANGELINA
ANGELINA
ANGELINA

上：19世紀の雰囲気をいまに伝える、シックなインテリアのサロン。左中：まるで彫刻作品のような「タルトレット・カフェ・ヴィエノワーズ」は、ウィーン風コーヒーがインスピレーションソース。右中：カカオの香り高いホット・チョコレートに、別添えされた生クリームを好みで加える「ル・ショコラ・ア・ランシェンヌ・ディ・ラフリカン」。

モンブランとシャンパン

1903年創業時のメニューにもすでに載っていたというアンジェリーナのモンブラン。上流階級の人々が集い、社交サロンのようだったという当時は、モンブランのプチフールをシャンパンのお供にいただくのがおしゃれだったのだそう。どんなふうに口の中で溶けあうのか、一度は試してみたい組みあわせです。

左上：2007年からシェフを務めるセバスチャン・ボエさん。アンジェリーナのイメージを守りながら、親しみやすい新しいパティスリーをたくさん発表しています。左下：アメリカで人気のお菓子ウーピーパイから発想した「ウーピー・アップ」。右上：中央の赤いドーム型のケーキ「フォレ・ルージュ」は、アルザス地方のフォレ・ノワールがモチーフ。

Jardin des Tuileries

アンジェリーナのちょうど正面にある、チュイルリー公園。ルーブルからコンコルド広場まで続く公園は、もともと宮殿の庭園として作られました。広々とした並木道に、噴水のある大きな池、いたるところにベンチが置かれていて、パリジャンはもちろん、ツーリストたちにとっても憩いの場所です。

ご夫婦のあたたかいおもてなしと、手づくりの味

パン・エ・ショコラ
Pain et Chocolat

シャン・ド・マルス公園に、エッフェル塔など
パリのシンボルからも近い、パン・エ・ショコラ。
白いテントの下の大きな窓に、かわいらしいテラス席は
まるで、ミニチュアハウスのサロン・ド・テそのまま。
店内からこぼれる、やわらかい灯りに、ドアをあけると
やさしい笑顔のマダムとムッシュが迎えてくれました。
カウンターに並ぶ、クロワッサンにパン・オ・ショコラ、
タルトやクランブルなど、すべてが手づくりなのだそう。
ご夫婦のあたたかいもてなしに、ほっとひといき。

16, avenue de la Motte-Piquet 75007 Paris
tél : 01 45 50 14 27
open : mon-sat 9:00-19:00
métro : La Tour-Maubourg

左上：クロードさんとキャティさんご夫婦は、お仕事でも息ぴったり。
左下：スレート石板でサービスされるスコーンには、バターにアプリコットとストロベリーのジャムが添えられて。右上：ゆっくりと時間を過ごしたくなる、愛らしいインテリアのサロン。棚にはイタリア出身のご主人がセレクトした、イタリア産オリーブオイルやパスタも。

手づくりのパンとお菓子

パン・エ・ショコラで味わえる、バリエーション豊かなパンやお菓子はすべて、地下にあるキッチンでパティシエさんが手がけているのだそう。その本格的な味に、地元のマダムにツーリストまで、たくさんのお客さんが訪れます。店名の由来は、この店舗が以前はジャン＝ポール・エヴァンで、その前はパン屋さんだったというストーリーに敬意を表して。

コロニアル・スタイルのサロンは、香り豊かなお茶の世界

マリアージュ・フレール
Mariage Frères

13, rue des Grands-Augustins
75006 Paris
tél : 01 40 51 82 50
open : mon-sun 12:00-19:00
métro : Odéon
www.mariagefreres.com

お花にフルーツ、スパイスなど、夢のある風味が広がる
マリアージュ・フレールの華やかなお茶を味わいたくて
落ち着いた雰囲気の通りにある、リヴゴーシュ店へ。
600種類以上もあるメニューに、迷ってしまったら
思いきって、ギャルソンにアドバイスをもらってみよう。
マドレーヌにマカロン、フィナンシェなど、美しく盛られた
焼き菓子はすべて、マリアージュのお茶のフレーバー。
ここから2種類、好きなものを選べるセット
「シャリオ・コロニアル」で、今日はお茶にしましょう。

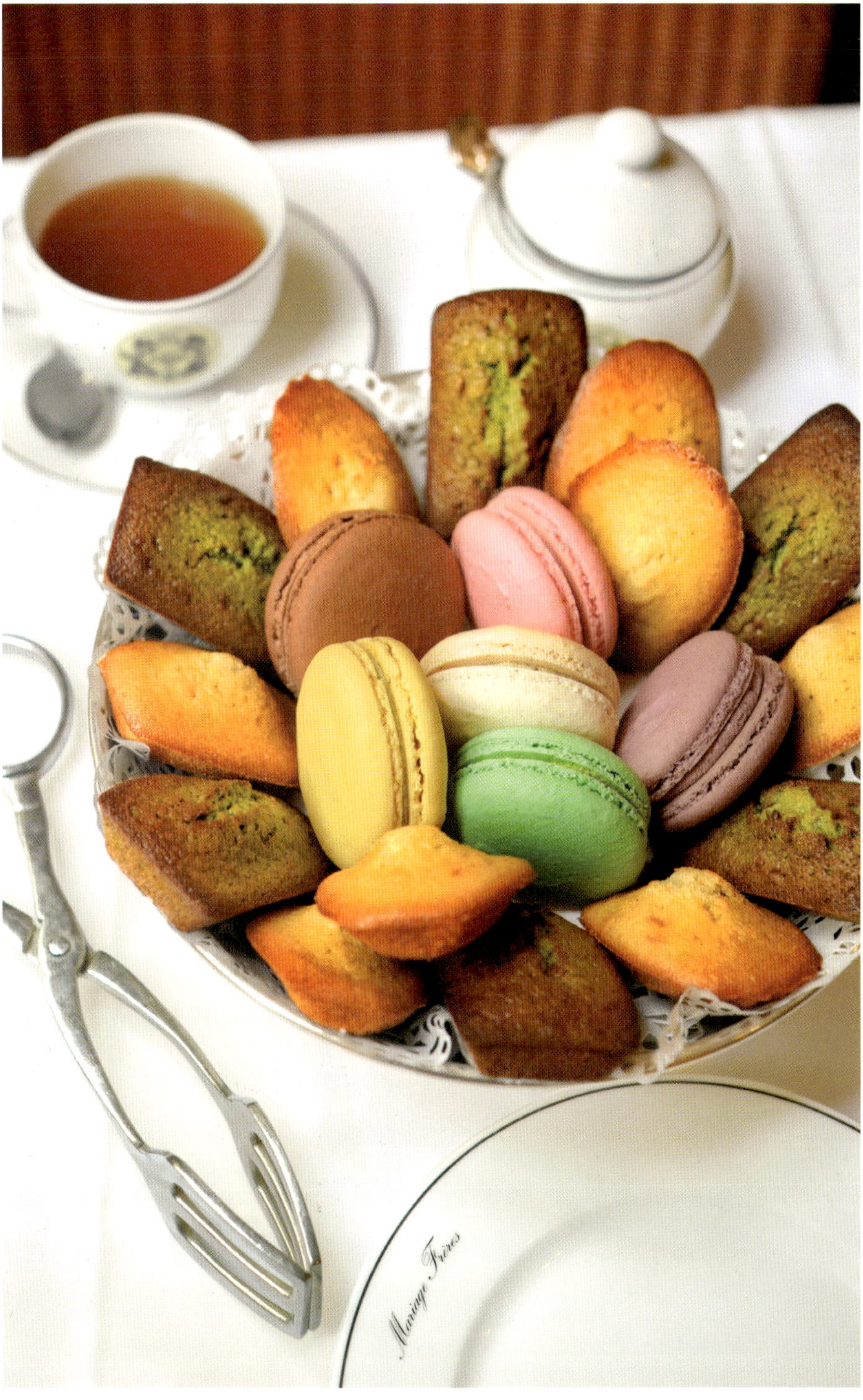
Mariage Frères

アフタヌーンティーで、午後をゆっくり味わって

マリアージュ・フレールのサロンの魅力のひとつが、お茶が使われたユニークなお菓子やお料理を味わえること。アフタヌーンティー・メニューの中から、「ノスタルジー・ドゥ・ポンディシェリー」をオーダー。デザート付きセットでは、ワゴンの中からケーキを選ぶことができます。抹茶風味のミルフィーユに入っているフランボワーズ・ジュレは、人気のお茶「マルコポーロ」のフレーバー。

左：シノワズリ・デザインのお茶缶も、インテリアのひとつ。中：美しく整えられたテーブルに、背筋が伸びる気分。右：「ノスタルジー・ドゥ・ポンディシェリー」は、抹茶とプレーンなパンを使ったモザイク・サンドウィッチと、スモーク・サーモンが乗ったミニクロック・ムッシュのプレートに、お好みのお茶をあわせて。

左上：チベットの緑茶風味の洋梨タルト。左中：スポンジ生地をベースに、「エレファン・ブラン」というお茶を使ったレモン・ムースとフランボワーズ、レモンとライムのグラサージュでおおったケーキ。右上：あたたかみのあるイエローの壁面のサロン。1931年に行われたパリ・コロニアル博のポスターが中央に飾られています。

お茶の歴史とともに

エドワードとアンリ兄弟が1854年に立ち上げた、フランスではじめてのお茶の仲買業社がマリアージュ・フレールです。リヴゴーシュ店は1990年にオープン。地下には小さなお茶のミュージアム、1階は茶葉やポットなどの茶器が買えるブティック、そして2階がサロンになっています。

お菓子や軽食とともに、パリの日常の空気に親しんで

ジャン・ミエ
Jean Millet

昔ながらの街のお菓子屋さんといった雰囲気が
どこかなつかしさを感じさせる、ジャン・ミエ。
いま活躍中の有名なパティシエさんたちが何人も
このお店のアトリエで学んだという名店です。
ひとつひとつ、ていねいに作られたプチサブレは
まるで宝石のような美しさで、おみやげにも喜ばれそう。
イートイン・コーナーで、お茶と一緒に味わっていると、
お散歩帰りの常連のマダムがおしゃべりにやってきて…。
あたたかな会話も味わって、この街の一員になった気分。

103, rue Saint-Dominique
75007 Paris
tél : 01 43 06 02 98
open : tue-sat 8:00-20:00
　　　 sun 8:00-13:00
métro : Ecole Militaire

左上：ふわっとした口当たりのシブーストクリームとりんごのコンポートに、キャラメリゼの香ばしさが広がる「タルト・ペイザン」。左下：外はかりっと、中はもっちりした焼きあがりのカヌレ。右上：世界洋菓子連盟会長も務めたジャン・ミエさんが1963年にオープン。いまは見習いのころからお店にいる、ドゥニ・リュッフェルさんが味を守っています。

軽いお食事タイムにも

キッシュやサンドウィッチ、テリーヌといったトレトゥールと呼ばれるお惣菜も充実しているジャン・ミエ。ホームパーティ用に、たくさん買いこんでいくパリジェンヌも。どれもおいしそうで、店内奥にあるレジに進むまで、目移りしてしまいます。キッシュなどは温めてくれるので、ここで軽いお食事を楽しむのもおすすめです。

エッフェル塔近くのサロンで、パリらしさを味わおう

カレット
Carette

パリにやってきた！という気持ちを高まらせる
エッフェル塔の美しい姿を眺めに、トロカデロへ。
広場に面したカレットは、パリらしさにひたれるサロン。
ギャルソンにお願いして、テーブルに案内してもらうと
お天気がいい今日のような日は、テラスはもう満席。
創業者ジャン・カレットの奥さまの肖像画が見守る空間で
いろいろな味が楽しめる、5種のプチフールのセットに
数々の賞に輝いたスペシャリテのエクレアをいただきます。
しっかり焼いたシューに濃厚なクリームが、パリの味わい。

4, place du Trocadéro 75016 Paris
tél : 01 47 27 98 85
open : mon-sun 7:00-24:00
métro : Trocadéro
www.carette-paris.com

ARETTE
PARIS
CARETTE
PARIS
Salon de thé • Pâtisserie • Glacier
TROCADÉRO
PLACE DES VOSGES
www.carette-paris.com

上：店内左手奥にあるショーケースには、軽やかな味わいで人気のマカロンをはじめ、さまざまなパティスリーが並びます。**左中**：かわいらしい小花柄の食器は、リモージュ焼きの老舗ベルナルド社のもの。**右中**：シェフ・パティシエのフレデリック・テシエさんによる新作「ココ・マンゴー」。フレッシュな味わいの新しいパティスリーが次々と発表されています。

クラシック菓子を新しく

フランスのクラシックなお菓子、パリ・ブレストをカレット風に仕上げた「パリ・カレット」。ヘーゼルナッツをちりばめたシューのあいだに、軽やかなプラリネクリームと、さくさくした食感のプラリネ・フイヤンティーヌ入りチョコレートをサンド。レシピはフレデリックさん、名前はカレット責任者のマルシャル・ドゥモネさんがつけました。

La Tour Eiffel

シャイヨ宮の先、エスプラナード・デュ・トロカデロから見た、光り輝くエッフェル塔。ずっとパリを見つめてきたその姿を眺めながら、「このお店を、いつまでも変わらない美しさがある場所、歳月を経て、ますます輝く魅力的な場所にしたい。そう、パリのようにね」と語っていたマルシャルさんのことばを思い出しました。

パリでいちばん素敵なパッサージュで、お茶をどうぞ

ア・プリオリ・テ
A Priori Thé

35-37, galerie Vivienne 75002
Paris
tél : 01 42 97 48 75
open : mon-fri 9:00 - 18:00
　　　　sat 9:00 - 18:30
　　　　sun 12:00 - 18:30
métro : Bourse
apriorithe.wordpress.com

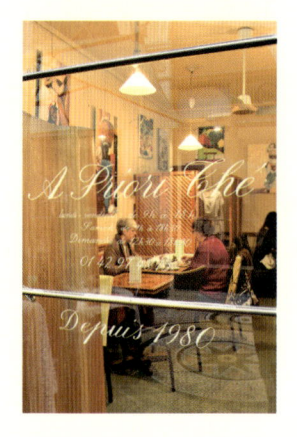

モザイクタイルの床に、ガラス張りのアーチ天井
やわらかな光が満ちる、ギャルリー・ヴィヴィエンヌは
パリでいちばん美しいパッサージュと評判の場所。
ア・プリオリ・テのテラスで、パラソルの下に座ると
まるで19世紀にタイムスリップしたかのようです。
焼き色もおいしそうな「スコーン・ア・ラ・フォリー」は、
アイスクリームとソースの種類を選べるのがうれしい。
スパイシーなチャイと、ボリュームたっぷりのスコーンに
素敵な装飾の空間で、お腹もこころも大満足です。

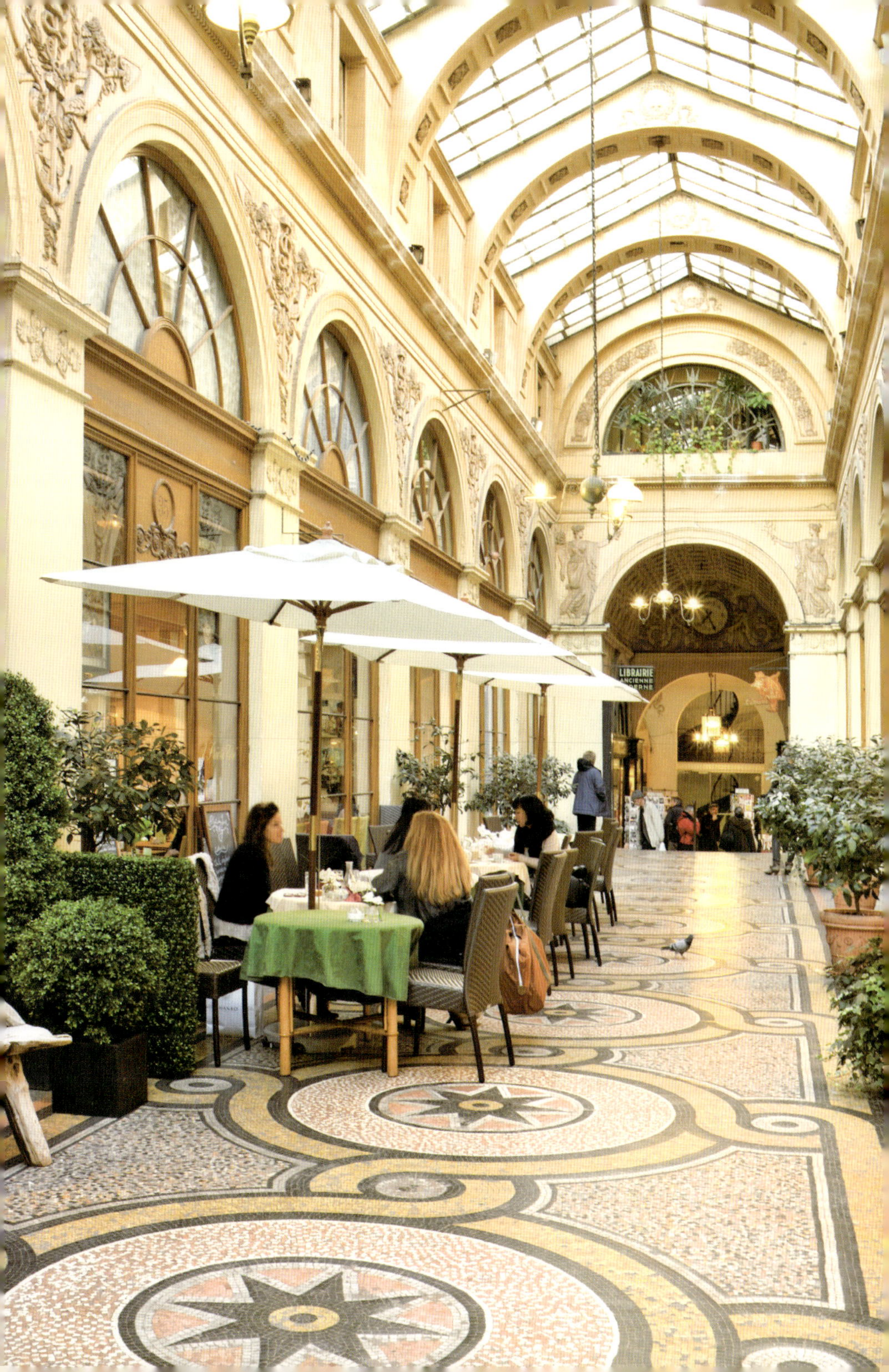
LIBRAIRIE
ANCIENNE

アメリカ生まれのお菓子たち

ア・プリオリ・テのオーナー、ペギーさんはニューヨーク生まれ。1826年建造という歴史あるこの美しいパッサージュにサロンを構えたのは1980年のこと。スコーンやチーズケーキ、ブラウニーにクランブルといったお菓子はすべて、ニューヨークからのレシピ。ボリュームたっぷりのランチもおすすめです。

右上：赤いフルーツのソースをかけた「ペギーのニューヨークチーズケーキ」。左下：店内では、アーティストの作品をディスプレイ。右中：季節にあわせた「今月のお茶」は、オリジナルのブレンド。右下：パッサージュ内にある古本屋さん「ジュソーム」で出会った本を手に、お茶を楽しんでみては？

Café

カフェで過ごす、パリジェンヌのように

モンマルトルのカフェで、アメリの好きなクレーム・ブリュレ

カフェ・デ・ドゥ・ムーラン
Café des Deux Moulins

15, rue Lepic 75018 Paris
tél : 01 42 54 90 50
open : mon-sun 7:00-2:00
métro : Blanche

クレーム・ブリュレの表面を、コツコツ、パリン！
そんな瞬間が、アメリの小さなお気に入り。
映画「アメリ」の中で、とても印象的なエピソード
その喜びを味わいたくなって、モンマルトルの坂道へ。
赤いテントのカフェ・デ・ドゥ・ムーランは、
ジャン＝ピエール・ジュネ監督も常連さんだったという
アメリが働く、カフェのロケ地となった場所。
カウンターには、コーヒーを片手に、地元のムッシュたち。
テーブル席で、私はスプーンを手に、コツコツ……

des 2 MOULINS

BUFFETS CHAU

BRASSERIE

RUE LEPIC

上：店内奥には、まるいフレームに入った映画のポスターが飾られています。
左中：明るい笑顔で出迎えてくれるスタッフのオニールさん。右中：「アメリのコーナーは見た？」とオニールさんに声をかけられて、お手洗いに続くドアを開けてみると、映画ゆかりのグッズがディスプレイされたショーケースがありました。

地元で愛されるカフェ

アメリのカフェとして、映画ファンのお客さんが絶えないこのカフェは、1912年からモンマルトルの人たちに愛されてきたお店。オーナーのマルクさんは昔ながらのカフェが好きで、地元に根付いた場所であることを大切にしています。カウンターでは1ユーロでカフェが楽しめるというのも、毎日通う常連さんたちにはうれしいこと！

左上&左中：アメリのおやつという意味の「グテ・ダメリ」は、クレーム・ブリュレとあたたかい飲み物のセット。右上：映画に登場したカウンター脇のたばこ売り場はなくなり、いまはテーブル席に。朝ごはんにランチと、時間帯にあわせて食事メニューも用意されています。左下：アメリをモチーフにしたコラージュは、トロイ・ヘンリクセンの作品。

こだわりのコーヒーとお菓子は、フレッシュなパリの味

KBカフェ・ショップ
KB Café Shop

62, rue des Martyrs 75009 Paris
tél : 01 56 92 12 41
open : mon-fri 9:00 - 19:00
　　　 sat & sun 10:00-19:00
métro : Pigalle, Saint-Georges

太陽の光を受けて輝く、サクレクール寺院が見える
テラス席に座って、香り豊かでおいしいカプチーノを。
バリスタさんが描いてくれる、カフェ・アートも
パリでは新鮮に見えて、ごほうびのようで、うれしい気分。
お供は、グリオットチェリーとピスタチオのパウンドケーキ。
ナッツのコクのある甘さに、甘酸っぱいチェリーがアクセント。
本や新聞を広げたり、パソコンで調べものをしたり、
思い思いに過ごすパリジャンたちのあいだで、ひといき。
いままでのパリのカフェとはちょっぴり違う雰囲気を楽しんで。

上：お店は、マルティル通りの坂をのぼりきったコーナーに。左中：次々と入ってくるオーダーに、ていねいな仕事でこたえるバリスタさん。17区にあるコーヒー豆焙煎店のカフェ・ロミの豆を使っています。右中：ワンショットのカフェラテと、洋梨とアーモンドのパウンドケーキ。お菓子はすべてアメリカ出身のジェニーさんの手づくり。

自然体が心地よい空間

オーストラリアのシドニーのカフェで仕事をしていたオーナーのニコラさん。帰国後、パリにはない新しいカフェを作りたいと、このお店をオープンさせました。素材にこだわった、質のよいコーヒーとお菓子が楽しめることはもちろん、雰囲気もサービスも心地のよい空間。11種類の素材から、好みの3種をブレンドしてもらえる、しぼりたてのフレッシュジュースも人気です。

モードなプチホテルの中で見つけた、緑と光のオアシス

オテル・アムール
Hôtel Amour

モンマルトルのマルティル通りの横道に入ると、
「アムール」の小さな赤いネオンサインが見えてきます。
オテル・アムールは、刺激的なデザイン・プチホテル。
1階のカフェ＆ブラッスリーにあるテラスルームは、
ガラスの天井から、さわやかな光が降り注ぐ、緑のオアシス。
朝ごはんのメニューから、季節のフルーツサラダと一緒に
シロップをたっぷりかけていただきたい、パンケーキを。
ホテルの宿泊者だけでなく、おしゃれな人たちでにぎわう
モードな空間も、朝はおだやかな時間が流れます。

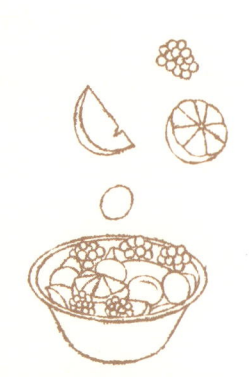

8, rue de Navarin 75009 Paris
tél : 01 48 78 31 80
open : mon-sun 8:00-24:00
métro : Saint-Georges
www.hotelamourparis.fr

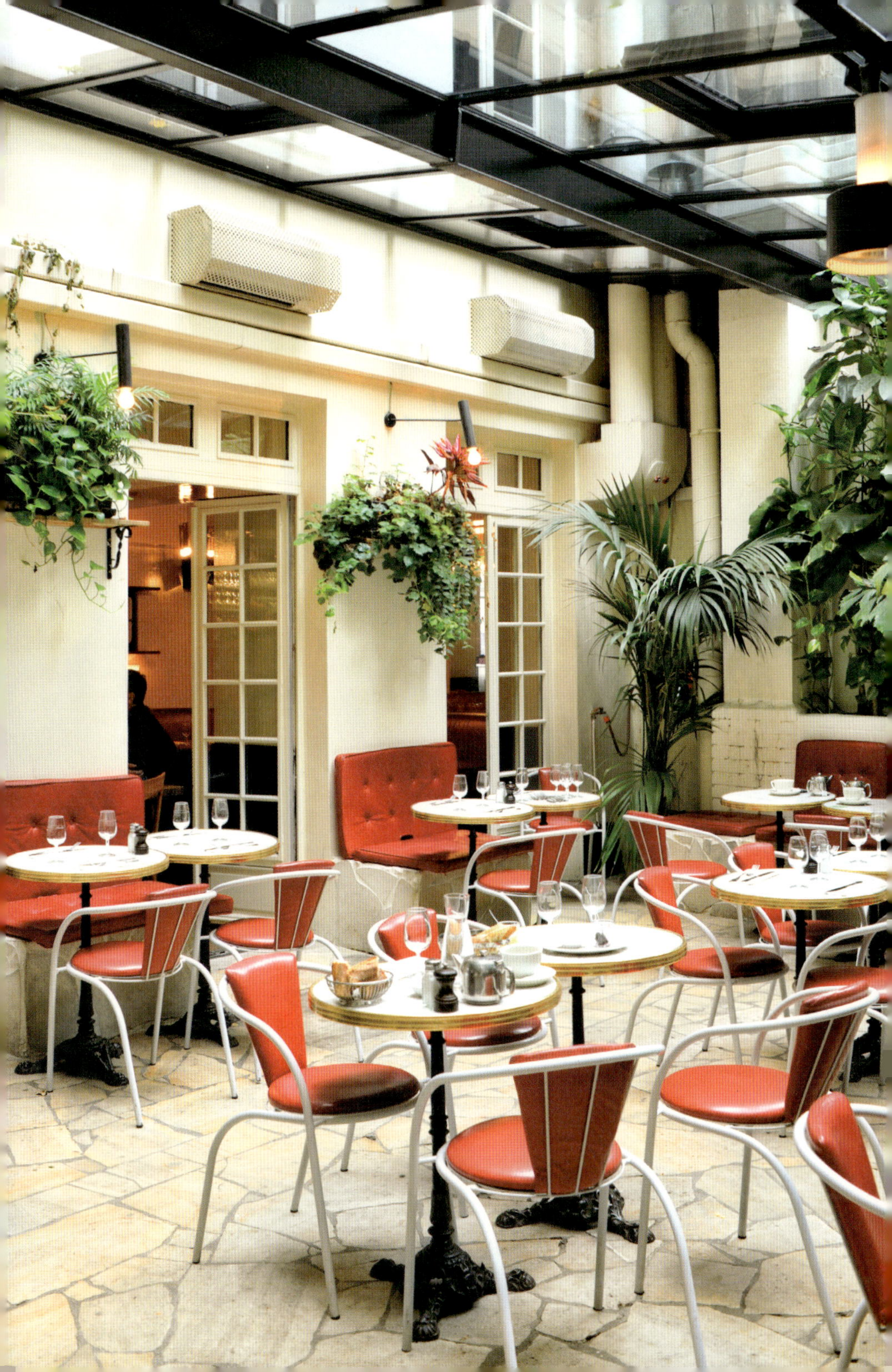

ユニークなデザインホテル

グラフィティ・アーティストのアンドレと、コスト兄弟の息子ティエリー・コスト、そしてエマニュエル・ドゥラヴァンヌが手がけたオテル・アムールは、日本のラブホテルにインスパイアされたキッチュなプチホテル。カフェ&ブラッスリーには、シャルロット・ペリアンやジャン・プルーヴェの家具が並んでいて、レトロモダンな落ち着きのある空間です。

左中：ボウルいっぱいに、さまざまな種類のフルーツが盛られた季節のフルーツサラダでフレッシュな気分に。
右中：外はかりっと、中はふんわり焼けた小さなサイズのパンケーキに、さっぱりとした甘みのシロップをかけて。下：植物の緑と、インテリアの白と赤の組みあわせが、すがすがしいテラスルーム。

左上：パティスリーは、パン＆お菓子屋さんのデルモンテルから日替わりで。**左中**：メニューに書かれたホテルのロゴは、アンドレのグラフィティ。**右上**：アンドレがクリエイティヴ・ディレクターを務める雑誌「ロフィシャル・オム」を読みながら、自家製ガトー・オ・ショコラを。**左下**：マルティル通り沿いのデルモンテルは、2007年のバゲットコンクールで受賞したこともあるお店。オテル・アムールでその味が楽しめます。

43

話題のコンセプトストアで、ショッピングのあとのお楽しみ

メルシー
Merci

ファッションにインテリア、日用品などの雑貨まで
さまざまなアイテムがセレクトされた、メルシー。
広々とした建物の中を見て歩きながら、ショッピング。
お買い物が終わるころには、ひと息つきたい気分……。
店内に3か所あるカフェの中から、どこに行こう?
今日は、通りに面した開放的なシネマ・カフェに決定。
カウンターで出迎えてくれるのは、ケーキやサラダ。
白い壁面をスクリーンに、古い映画が上映されていて
レトロだけれど新しい、おしゃべりも弾む心地いい空間です。

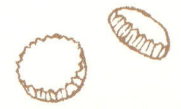

111, boulevard Beaumarchais 75003 Paris
tél : 01 42 77 10 38
open : mon-sat 10:00 -20:00
métro : Saint-Sébastien-Froissart
www.merci-merci.com

左上：しっとりとした、風味豊かなチーズケーキ。左下：つややかな表面の焼き色がおいしそうなレーズン入りスコーン。オーブンであたためてから、「アラン・ミリア」のいちごジャムのミニボトルと一緒にサーヴしてくれます。右上：店内の企画と一緒にディスプレイ替えされる、中庭のデコレーションはお楽しみのひとつ。

映画と一緒にカフェごはん

すべての商品の売上の一部を、恵まれない子どもたちをサポートする団体に寄付しているメルシー。ショッピングを通じて、ボランティアに協力することができるという新しいタイプのコンセプトストアです。通りに面したシネマ・カフェは、買い物帰りや待ちあわせにもぴったり。映画を眺めたり、古い映画雑誌をめくったりしながら、お茶や軽食を楽しんで。

上：ランチタイムの店内は、あっという
うまにパリジェンヌたちでいっぱいに。
左中：グラスで運ばれてきた「今日の
スープ」は、きのこのポタージュ。右中：
「今日のサラダ」は、いんげんとひよこ
豆。素材の持ち味をいかした、シンプ
ルな料理が日替わりで楽しめるので、
オーダーするときは、カウンターに並
ぶ料理をチェック。

右下：バゲットといちじくが添えられた、軽食メ
ニューのパテ・ド・カンパーニュ。カフェで使わ
れているお皿やグラスなどの食器類は、メルシー
で購入することができます。

左上：店内に飾られた映画スターのポートレートは、その昔、映画館に飾られていたもの。右上：壁面に古い映画雑誌の切り抜きをコラージュして、トイレの中まで映画の世界に。下：ボーマルシェ大通りに面したカフェ入り口。開放的なガラス張りのファサードで、通りを行く人も店内が気になる様子。

コーヒーの深くてリッチな味と香りに、ひとくちでうっとり

ヴェルレ
Verlet

セレクトショップや高級ブティックなど、華やかな
ウィンドウを見て歩くだけでも楽しい、サントノレ通り。
この通りには、世界各地から集めた豆を自家焙煎した
香り高いコーヒーが味わえる、ヴェルレがあります。
コーヒー豆の計り売りもしている1階は、いつもにぎやか
2階サロンでは、落ち着いた時間が過ごせそう。
サントノレ通りを行く人たちを、窓から眺めながら
お気に入りのノートに日記をつけて、コーヒーをひとくち。
ふくよかな味に、パリでの思い出が、またよみがえります。

256, rue Saint-Honoré 75001 Paris
tél : 01 42 60 67 39
open : mon-sat 9:30 - 18:30
métro : Palais Royal-Musée du Louvre
www.cafesverlet.com

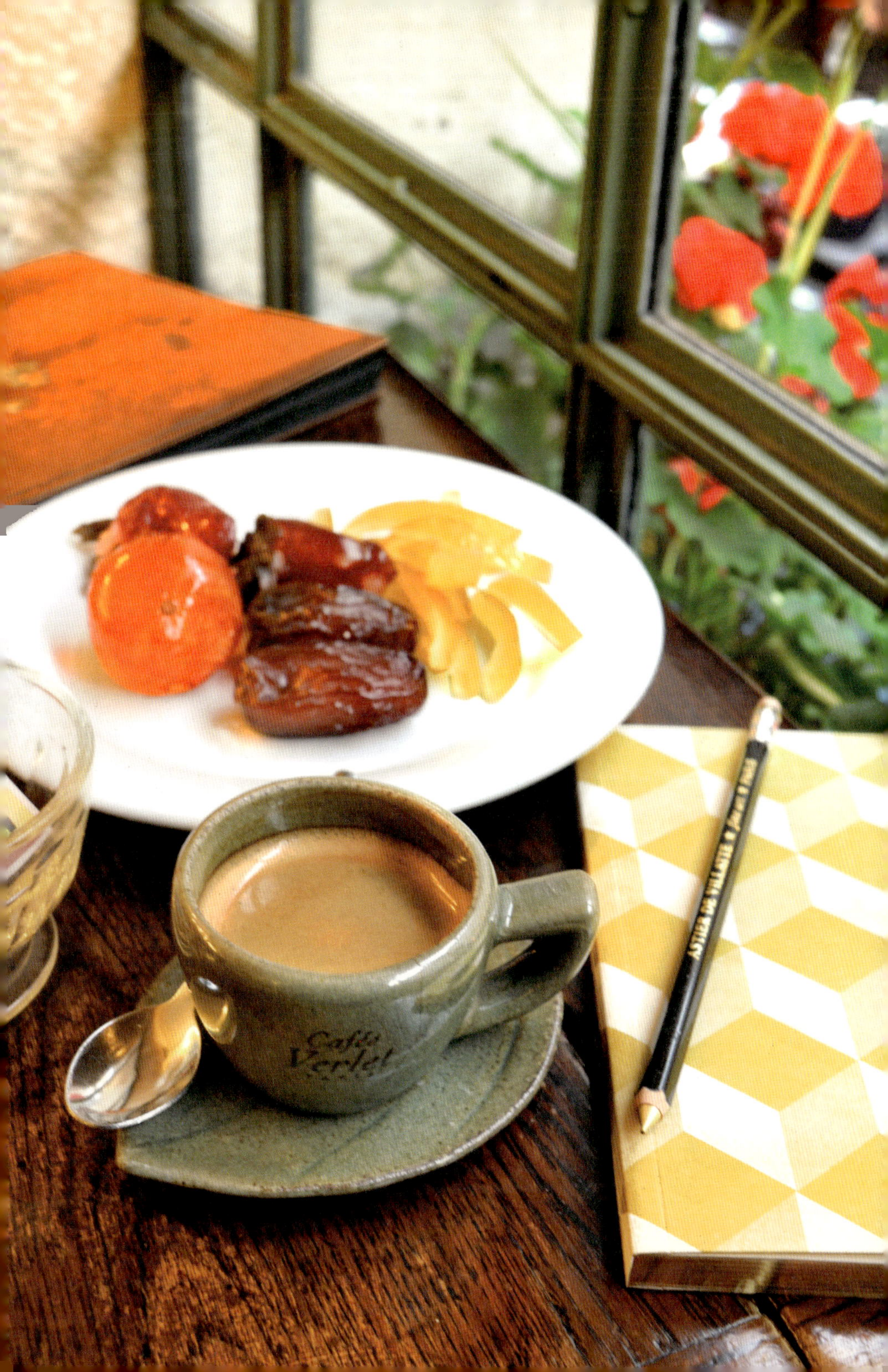
Cafés Verlet
ASTIER DE VILLATTE

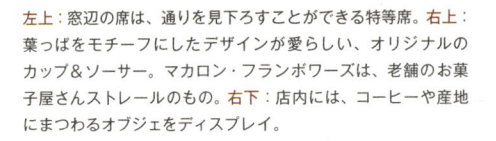

左上：窓辺の席は、通りを見下ろすことができる特等席。右上：
葉っぱをモチーフにしたデザインが愛らしい、オリジナルの
カップ＆ソーサー。マカロン・フランボワーズは、老舗のお菓
子屋さんストレールのもの。右下：店内には、コーヒーや産地
にまつわるオブジェをディスプレイ。

グランクリュを求めて

1880年創業のコーヒー屋さん、ヴェルレの現在のオーナーは、長年ここで働いてきたエリック・デュショソワさん。品質のよい豆を求めて世界各地を探し歩き、焙煎までを自ら手がけています。季節にあわせたオリジナル・ブレンドもあるので、お試しあれ。店内でいただくだけでなく、豆を挽いて真空パックにしてもらうことができるので、おみやげにもおすすめです。

左上：2階では、カメラが趣味のエリックさんがコーヒー豆の生産地を訪ねたときに撮影した写真を展示。**左中**：まるごとマンダリンのコンフィは、南仏のサン・レミ・ド・プロヴァンスから。**左下**：いちごにレモンピール、デーツなど、色とりどりのフルーツ・コンフィは、ぎゅっと詰まった濃厚な味わいで、コーヒーやお茶のお供にぴったり。**右下**：夕方になって、にぎわう1階サロン。

モダンなミュージアム・カフェで、やさしいコーヒーを

ル・バル・カフェ
Le Bal Café

6, impasse de la Défense
75018 Paris
tél : 01 44 70 75 51
open : wed-sat 10:00-23:00
　　　 sun 10:00-19:00
métro : Place de Clichy
www.le-bal.fr

大通りが交差するクリシー広場は、夜までにぎやか。
近くの小道へ入ると、いままでの喧噪がウソのようです。
このちょっと特別な雰囲気の袋小路沿いにある、ル・バルは
写真やビデオ、映画、そして新しいスタイルのメディアなど
ドキュメンタリー・イメージをテーマにしたアートセンター。
ミュージアム入り口のカフェは、モダンなインテリア。
公園の緑が目の前に広がって、小さな隠れ家のような空間。
ハンドドリップでいれた、やさしい味わいのコーヒーと
おだやかなひとときを過ごして、気分もリフレッシュ。

左上：オーナー4人のうち、料理を担当するアリスさんとアナさんが手がけるスコーンは、イギリス仕込みのレシピ。左下：共同オーナーのひとり、アンセルムさんがいれてくれたカプチーノを、クリーミーなチーズケーキと一緒に。右上：ミュージアムと同じく、白と黒をテーマカラーにしたミニマムなインテリアの店内は、まさに新しいスタイルのパリのカフェ。

一日中、楽しめるカフェ

2010年秋にオープンしたミュージアムに併設された、ル・バル・カフェ。コーヒーはカフェ・ロミの豆を使い、ケメックスのコーヒーメーカーでハンドドリップでいれるほか、エスプレッソもよりマイルドな味わいのスペシャル・ブレンドで。手づくりのお菓子にランチ、夜はワインとおつまみも楽しめるので、いつでも気軽に寄りたくなるお店です。

映画の舞台になったカフェで、いまも育まれるストーリー

オテル・デュ・ノール
Hôtel du Nord

パリの下町に暮らす人たちのいきいきとした会話や
つややかな美しさを持つ、アルレッティの存在が印象的な
マルセル・カルネ監督の代表作のひとつ「北ホテル」。
映画に思いをはせながら、サン・マルタン運河沿いへ。
オテル・デュ・ノールは、いまも地元の人たちに愛される場所
カジュアルに楽しめる、カフェ&レストランになっています。
モザイクタイルの床に、赤いレザーソファーと小さなテーブル
元気で、感じのよい店員さんたちとの会話が、うれしい！
シャンパンで、映画の中のパリ祭の夜のような華やかな気分。

102, quai de Jemmapes 75010
Paris
tél : 01 40 40 78 78
open : mon-sun 9:00-1:30
métro : Jacques Bonsergent
www.hoteldunord.org

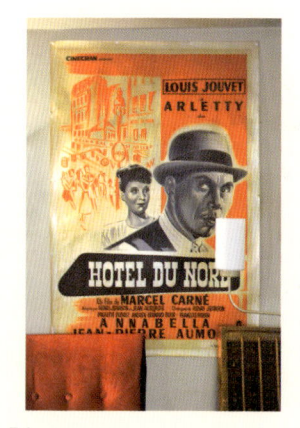

ノスタルジックなパリを

一時は建物の老朽化から取り壊しの話も出たオテル・デュ・ノールですが、地域の人々からの声で、そのまま残されました。大規模な改装を経て、1995年にカフェ＆レストランとしてオープン。タイル貼りの床は、ホテルのロビーとして使われていたころのまま。壁面のタイル画も、サン・マルタン運河の当時の様子をいまに伝えます。

上：週末はブランチにティータイム、そしてディナーと、運河沿いのお散歩途中にやってくる人々で一日中、大にぎわい。中：タイル画のまわりには、のみの市で見つけた古い写真をディスプレイ。左下：午後の終わり、アールグレイ・ティーと一緒にキールを。カシスのほか、ピーチやフランボワーズ、いちごなどオリジナル・フレーバーも。右下：午後のデザートは、クランブル。

左上：クッキーにフィナンシェなど小さなお菓子がセットになった「カフェ・グルマン」。**右上**：いつからここにあるか分からないヴィンテージのエスプレッソ・マシーンも、インテリアの大切な一部。**右中**：今日のメニューは黒板に。パリで昔から愛されてきた素朴な料理が並びます。**下**：美しいタイル貼りの床は、映画のモチーフになった30年代のまま。

映画「アメリ」で、水面めがけて石を投げ、水切りをするシーンでも有名なサン・マルタン運河。アーチ型の橋がかかる運河沿いは、マロニエの並木道になっていて、周辺にはおしゃれなブティックが増えているので、お散歩が楽しいカルチエです。天気がいい日はオテル・デュ・ノールのテラス席で、行き交う船や人々を眺めながら、お茶を楽しむのもおすすめ。

Canal Saint-Martin

一杯のコーヒーができるまで、その時間も味わえるカフェ

クチューム・カフェ
Coutume Café

デパートのボン・マルシェで、ショッピングしたり
エキゾチックな建物の映画館、ラ・パゴドを見たり。
シックな7区の散策を楽しんだら、クチューム・カフェへ。
店内奥には、焙煎機と豆が入った麻袋が置かれていて、
カウンターには、水だし用のドリッパーやサイフォンも。
どんなコーヒーが出てくるのか、わくわく胸が高鳴ります。
スチームミルクを垂らした、やさしい味わいのマキアートは
しっとりとして、スパイシーなかぼちゃのケーキとぴったり。
いろいろな落とし方のコーヒーを試してみたくなります。

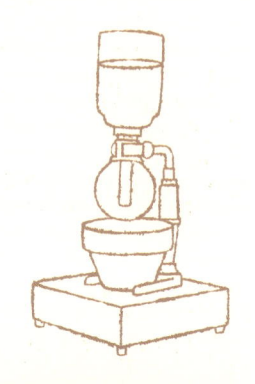

47, rue de Babylone 75007 Paris
tél : 01 45 51 50 47
open : tue-fri 8:00 - 19:00
　　　sat & sun 10:00 - 19:00
métro : Saint-François-Xavier
coutumecafe.com

上：さまざまな方式でコーヒーを落としてくれるカウンターは、バリスタさんの手元を見ているだけでも楽しい。メニューはうしろの黒いボードに。**左中**：共同オーナーのひとり、トム・クラークさん。ハンドドリップされるコーヒーは、フィルターの形から「カフェV 60」と呼ばれています。**右中**：コーヒーサイフォンは、ハリオのもの。

パリに新しいコーヒー文化を

リヨン生まれのアントワーヌ・ネティアンさんと、オーストラリア生まれのトムさんが、本物のコーヒーのおいしさや楽しさを知ってほしいとオープンさせたカフェ。カップでサーヴされるパンナコッタをはじめ、ティラミスなどオリジナルのエスプレッソを使ったデザートもおすすめ。「カッピング」という手法で行う、コーヒーのテイスティング会を隔週土曜日に行っています。

大事に育てられた、こだわりのコーヒー

焙煎を手がけるのは、オーストラリアで2007年に行われた、焙煎者コンクールでチャンピオンになったこともあるアントワーヌさん。生産者からの直接仕入れをはじめ、選び抜いたとびきりの豆を、1955年フランス製のマシーンで焙煎します。このヴィンテージの機械にコンピューターを接続し、温度や空気、時間を徹底的に管理。細かなところまで目が行き届いた、こだわりの豆が生まれます。

左上：アントワーヌさんこだわりの焙煎機。
右上：コーヒーの苗木が植えられたテーブル。
右中：自家焙煎の豆は、250グラムから計り売り。左下：水だしコーヒー用ドリッパー。
右下：ガスコンロにかけられる、イタリアの古いタイプのコーヒーマシーン。

Pâtisserie et Chocolaterie

パティスリー＆ショコラトリーでひとやすみ

できたてパティスリーの味わいは、スペシャルな思い出

ジャック・ジュナン フォンダー・アン・ショコラ
Jacques Genin Fondeur en Chocolat

おしゃれなブティックなども増えた、北マレ地区。
このあたりで、ゆっくりお茶を楽しみたいときは、
ジャック・ジュナン フォンダー・アン・ショコラへ。
サロンは、広々としていて、ぜいたくなほど、ゆったり。
できたてのケーキは、2階アトリエから運ばれてきます。
バジルの香りが広がる、タルト・オ・シトロンに
たっぷりのりんごが層を作る、タルト・オ・ポンム……。
飲み物はショコラショー、それともさわやかに中国茶?
組みあわせを考えるのも、ティータイムのお楽しみ。

133, rue de Turenne 75003 Paris
tél : 01 45 77 29 01
open : tue-fri & sun 11:00 - 19:00
　　　 sat 11:00 - 20:00
métro : Republique
　　　　 Filles du Calvaire

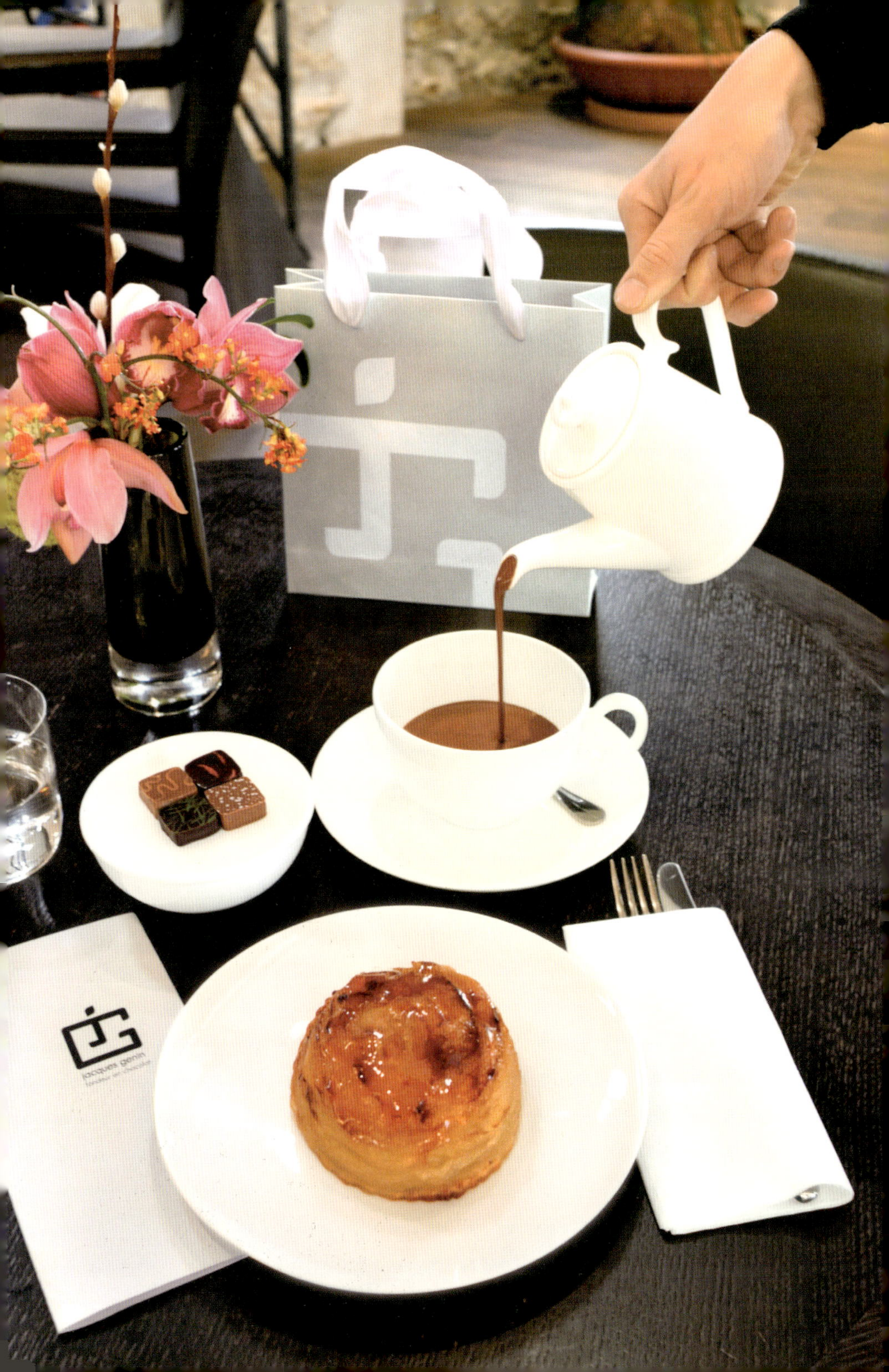
jacques genin

クラシックなケーキとの
新しい出会い

ジャック・ジュナンさんとパティシエさんたちが働くアトリエは、サロンの2階。パリのお菓子屋さんにはめずらしく上階にあるアトリエは、太陽の光がたっぷり入る気持ちのいい空間。アトリエにおじゃますると、週末だけの特別メニューを手がけていました。このババ・オ・ラムは、実はジャックさん自身いままであまり好きではなかったケーキ。工夫を重ねて、クラシックなケーキが新しく生まれ変わり、お店に並ぶようになりました。

左：全体がしっかりと香ばしく焼けたシューの秘密は、返しながら焼くこと！飴がけ帽子でおしゃれをして。中：ババ・オ・ラム用のブリオッシュは、ドーナツのような愛らしい姿。右：サロンへと運ばれるお菓子たち。大きなトレーを持って、らせん階段を降りるのは、ちょっと怖そうだけれど、スタッフの皆さんはもう慣れたもの。

上：ゆったりとくつろげるサロンは、人と味わいの出会いの場所を作りたいというジャックさんの思いから生まれた空間。左中：シュガーポットのふたになっている小皿に並んだ、サービスのボンボン・ショコラがうれしい。お気に入りのフレーバーが見つかったら、おみやげにどうぞ。右中：バニラをぜいたくに使ったクリームが、しっかりとしたシューとよくあいます。

フレッシュさを大切に

オーダーが入ってからプラリネ・クリームをはさんで仕上げるパリ・ブレストをはじめ、ジャックさんが手がけるお菓子はすべて、フレッシュさを大切にしています。それはチョコレートもキャラメルも同じこと。最初に料理の世界に魅せられて、レストランのオーナー・シェフも務めていたジャックさんならではの思いがこめられています。

子どものように楽しんで、笑顔あふれる夢のお菓子屋さん

ラ・パティスリー・デ・レーヴ
La Pâtisserie des Rêves

ボンボンを、あたたかいショコラショーにつけたり
ガラスのティーポットの中でただようハーブを眺めたり。
子どものころに戻ったような気持ちで、わくわく
お楽しみがいっぱいのラ・パティスリー・デ・レーヴ。
ハーブやスパイスとの組みあわせがユニークな
フレッシュ・フルーツジュースは、色も香りもあざやか。
フランスで、昔から愛されてきたケーキたちは
ちょっとおすまし、新しく生まれ変わっていて……。
よろこびと驚きに満ちた味わいに、みんなにっこり。

111, rue de Longchamp 75016 Paris
tél : 01 47 04 00 24
open : tue-fri 14:00-19:00, sat & sun 12:00-19:00
métro : Rue de la Pompe
www.lapatisseriedesreves.com

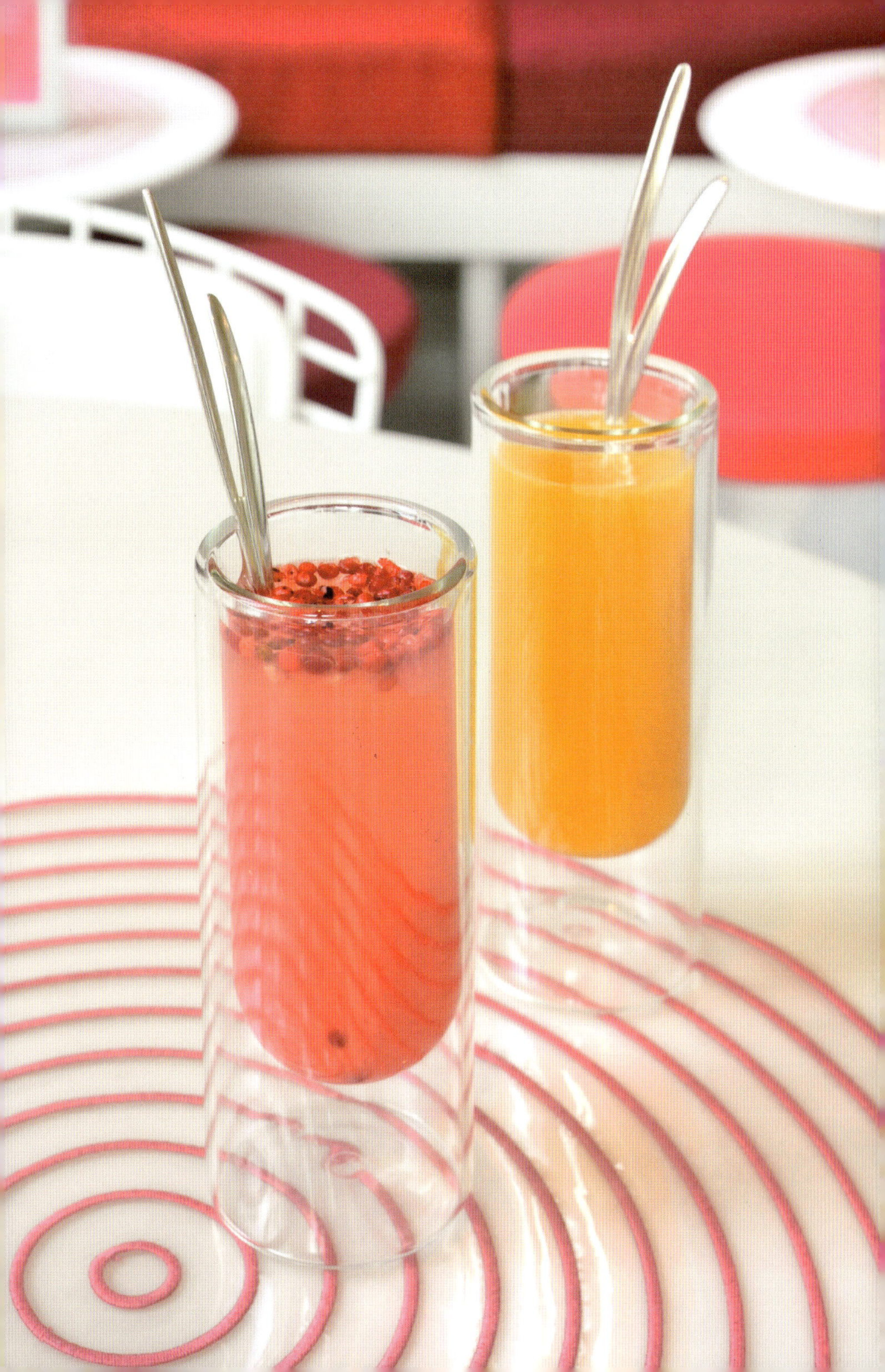

上：ピンクの色使いがかわいらしい、ポップなインテリアのサロン。オリジナルの雑貨が並ぶカウンター越しに見えるグリーンは、ペイサジストのルイ・ベネさんが手がけています。左中：きゅうりとシロップ、レモン、ミントが入ったグラニテは、さわやかな初夏の味。右中：薄いチョコレートで包まれた、ユニークな形のエクレア。

お菓子が作る、みんなの笑顔

「時を超える豊かなアール・ド・ヴィーヴルを」という思いからティエリー・テシエさんが、スウィーツ界の魔術師とも呼ばれるパティシエのフィリップ・コンティチーニさんの協力を得てオープンさせたお店。長方形に仕立てたサントノレや、プラリネソースとクリーム入りの小さなシューが輪になったパリ・ブレストなど、見た目も味わいも楽しいお菓子が並びます。

目の前で仕上げられる、
夢のお菓子たち

みんなでよろこびを分かちあうことを大切にしているラ・パティスリー・デ・レーヴ。楽しいしかけのひとつが、サロン入り口にあるオープンキッチン。子どもの目線の高さに作られたカウンターで、お菓子を仕上げていきます。ミニシューに季節のクリームをしぼりいれたり、ミルフィーユを組み立てたり、完成を待つお客さんの目もキラキラと輝いていました。

左：ブティックでは、アーティストのフランシス・ゲリエールさんが手がけたガラスドームの中にお菓子をディスプレイ。中：ブティックで選んだパンはリネンの袋に。プラリネ・チョコレート入りのパン・オ・ショコラは、ナッツの香りがふんわり。右：お店に向かう途中のメキシコ広場でうしろをふりかえると、光を受けて輝くエッフェル塔の美しい姿が。

カカオの香りに包まれる、チョコレート好きのパラダイス

ジャン＝ポール・エヴァン
Jean-Paul Hévin

サントノレ通りにある、ジャン＝ポール・エヴァンは
フランスを代表する、ショコラティエのブティック。
ウィンドウを飾る、チョコレートのオブジェを眺めながら
ランチタイムからオープンする、2階のサロンへ。
ショコラショーに、ケーキ、マカロン、ボンボンショコラ
さまざまな味わいを楽しめる、ここはチョコレートの楽園。
アイデアあふれる組みあわせで、ひとつひとつが個性的、
チャーミングでピュアな味と香りが、口の中で広がって。
カカオは元気のもと、また街歩きに出かけたくなります。

231, rue Saint Honoré 75001 Paris
tél : 01 55 35 35 96
open : mon-sat 12:00-19:00
métro : Tuileries
www.jphevin.com

10
chocolat
jean-paul hévin
PERRIN
HÉVIN JEAN
JEAN-PAUL HÉ
HÉVIN JEAN
JEAN-PAUL HÉ

上：チョコレート色のシックなサロンでは、サラダやグラタンなどの食事も楽しめます。左中：夏に楽しみたいチョコレートとして生まれたショコラ・フロワ。甘酸っぱいアプリコットのピュレとあわせて。ふわふわ軽い食感の中に、カカオの香りがしっかりとじこめられています。右中：フランボワーズソースがらせんを描く「ショコラショー・オ・クーリ・ドゥ・フランボワーズ」。

マロンとカシスのケーキ

フォルムも美しい「テュラン」は、アーモンド風味のサブレの上に、マロンクリームとカシスの実をのせ、チョコレートでコーティングしたケーキ。栗は、ジャン＝ポールさんお気に入りの素材のひとつ。栗の深い味わいは、カシスの酸味とのバランスもよく、このクラシックな組みあわせをベースに、新しいパティスリーも生み出しています。

左上：定番のチョコレートケーキだけで16種類！その中でもビターチョコレートの深い味わいを楽しめる「グアヤキル」は、いちばん最初に生まれたレシピ。右上：「サンク・ショコラ」は、5種類のボンボンショコラがセットになったメニュー。子ども向けのチョコレート・レシピを紹介した本の背表紙には、ジャン＝ポールさんの子どものころの写真が。下：シックなファサードは、まるでジュエリー店のよう。

73

チョコレートのしあわせの魔法にかかる、コンセプトストア

アン・ディマンシュ・ア・パリ
Un Dimanche à Paris

4-6-8, Cour du Commerce Saint
André 75006 Paris
tél : 01 56 81 18 18
open : tue-sat 12:00-22:30
　　　 sun 12:00-18:00
métro : Odéon
www.un-dimanche-a-paris.com

サンジェルマン・デ・プレの歴史ある石畳の通り沿いに建つ
アン・ディマンシュ・ア・パリは、さまざまな角度から
チョコレートを楽しむことができる、コンセプトストア。
ブティックからレストランに向かうと、廊下の途中で
ガラス張りのアトリエの様子が見えるのにも、わくわく。
ランチとディナーのあいだの時間に、レストランは
お茶とお菓子を楽しめる、サロン・ド・ショコラに。
昔ながらのポットでサービスされる、ショコラショーに
お皿に素敵に盛りつけられたケーキは、目にもごちそうです。

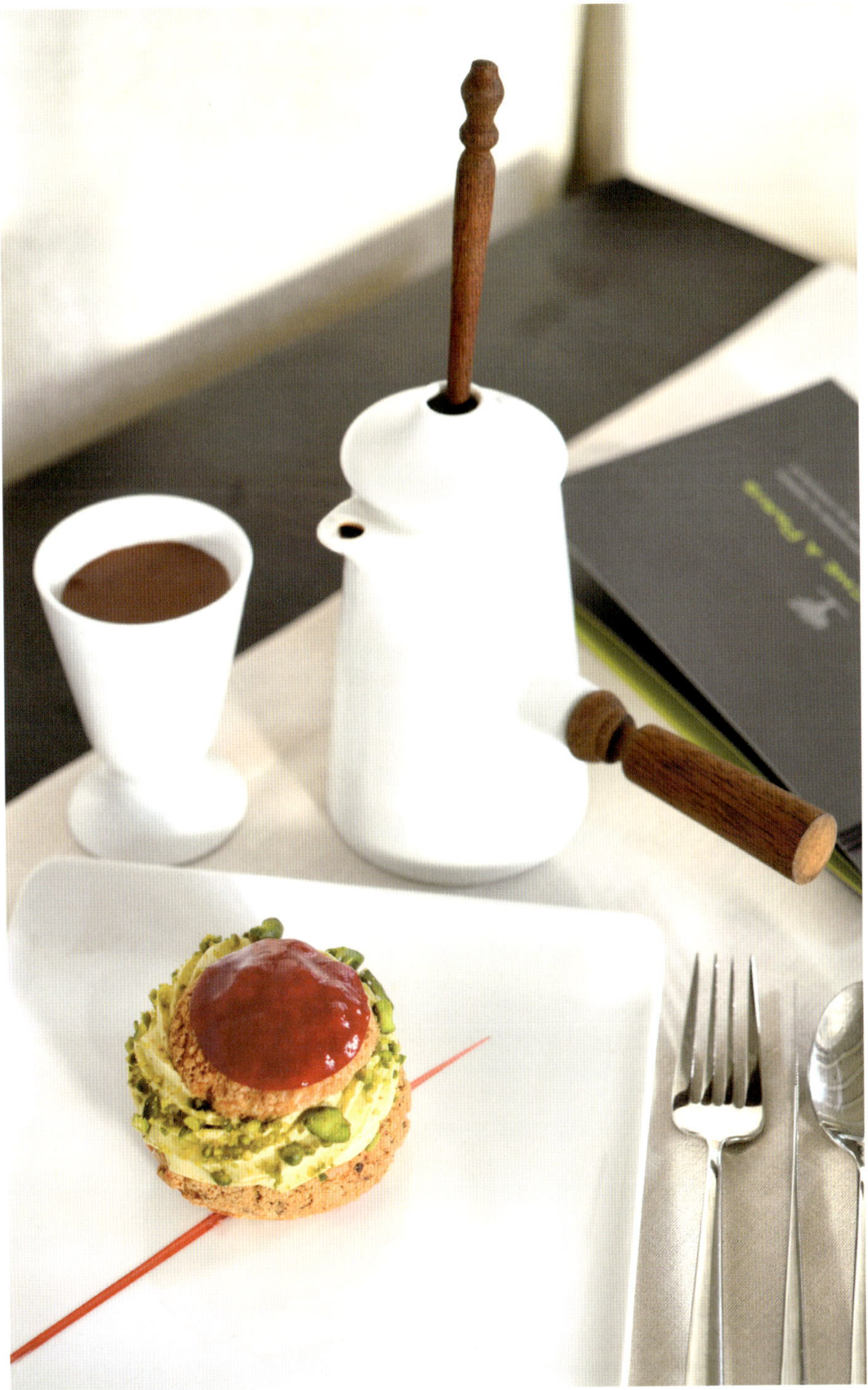

左上：レストラン・スペースの中央にある円筒状の壁面は、13世紀にパリの城壁として作られた塔。ランチやディナーには、チョコレートをスパイスとして使ったお料理を味わえます。右上：オーナーのピエール・クルーゼルさん。ここは世界中の産地とマーケットを見てきた、彼のチョコレートへの熱い思いが詰まった空間。右下：お茶を味わうときには、すべてをセレモニーとして楽しんでもらえるように。

軽やかなタルト・オ・ショコラ

1階はブティックとレストラン、2階は料理教室や試食会が行われるアトリエ、そしてカクテル・ラウンジと、さまざまなチョコレートの楽しみ方が詰まった空間。タルト生地でガナッシュをサンドしたタルト・オ・ショコラは、見た目にも美しく、味わいのバランスと軽い食感を大切にした一品。レストランは15時から18時までサロン利用ができます。

Spécialités

このお店だけのスペシャリテをどうぞ

美食の街リヨンからやってきた、おいしいパン屋さん

ル・ブーランジェ・デ・ザンヴァリッド
Le Bonlanger des Invalides

ほかほか焼きたてのパンを、店内で味わえる
ル・ブーランジェ・デ・ザンヴァリッドは
朝早くから学生さんや出勤前の人たちで、にぎやか。
カウンターに並ぶ、おいしそうなパンたちの中でも
いちばん気になるのが、あざやかなローズピンクが
かわいらしい色あいのタルトや、ブリオッシュ。
このパン屋さんが生まれた街、リヨンの名物お菓子
プラリーヌ・ローズを使っているのだそう。
やさしい甘さと香ばしさは、お茶時間にぴったりです。

14, avenue de Villars 75007 Paris
tél : 01 45 51 33 33
open : mon-sat 7:30-20:00
métro : Saint-François-Xavier

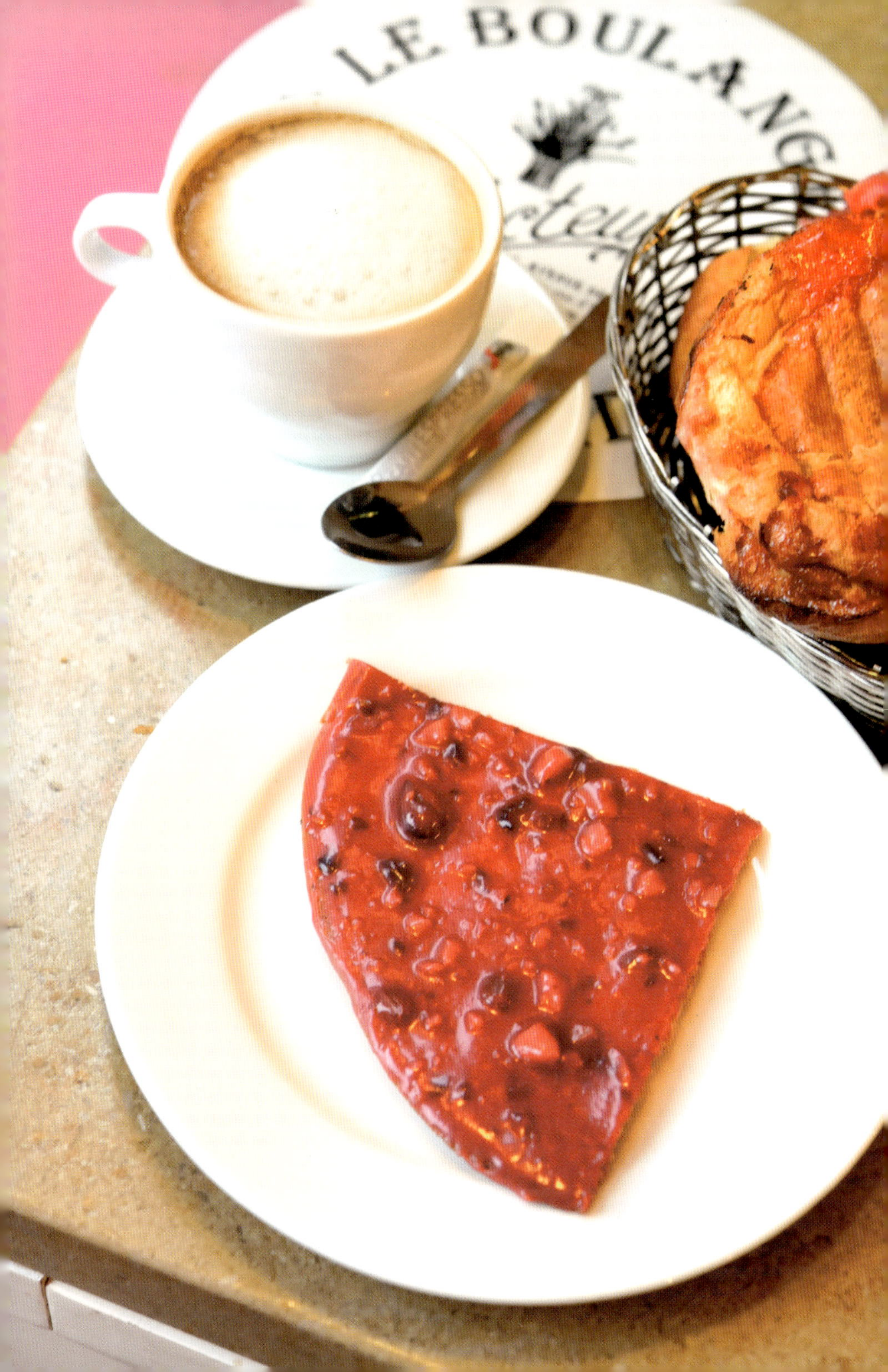
LE BOULANG

左上:店内奥にはパンを焼く窯があって、職人さんがパンを作る様子が間近で見られます。右上:プラリーヌ・ローズを見せてくれた責任者のリオネル・マネッリさん。よく気がつくサービスで、お店全体がいい雰囲気。右下:リヨン名物のヴィエノワズリー、ビションはレモンクリーム入りが定番だけれど、フランボワーズなど季節のフルーツのジャムを入れたものも。

ボキューズが認めたパン

現在パリに1店舗、リヨンに3店舗を構える、このパン屋さんを立ち上げたのはパン職人のフィリップ=マルク・ジョクトーさん。フランス料理界の巨匠とも呼ばれるポール・ボキューズさんに、その腕を認められて、ボキューズのお店のパンをすべて手がけています。美食の街リヨンならではの味をいかすなど、オリジナルのクリエーションも楽しいお店です。

上：歴史的建造物として指定されている天井画や、昔ながらのパン屋さんのディテールはそのままに残しながら、プラリーヌ・ローズ色にペイントした店内。家具はリヨンの職人さんに作ってもらったそう。中：よく焼けたバゲットを見ていると、かりっとした皮の食感が伝わってきます。お昼にはサンドウィッチなどの軽食も。

Les Invalides

ヴィラール通りを歩いていくと、目の前に見えてくる建物がアンヴァリッド。ナポレオンが眠る場所として有名なドーム教会は、まるでパリ中を見渡しているかのよう。教会を取り囲む建物は、軍事博物館として公開されています。もともとルイ14世の時代に造られた兵士たちのための病院で、いまなお一部は軍事病院として残っています。

大きなテーブルとまるいタルトを、シェアするよろこび

タルト・クリュゲール
Tartes Kluger

6, rue du Forez 75003 Paris
tél : 01 53 01 53 53
open : tue-thu 11:00-19:00
　　　 fri & sat 11:00-20:00
　　　 sun 11:00-16:00
métro : Filles du Calvaire, Temple
tarteskluger.com

マレ地区の小さな通り沿い、タルト・クリュゲールは
パリでもちょっとめずらしい、タルトの専門店。
壁面には、「くいしんぼうの仲間たち」という意味の
フランス語が書かれていて、まさに私たちのことのよう。
サレと呼ばれる塩味のタルトは、ランチにぴったり。
もちろんデザートは、甘いタルトのシュクレから選んで。
大きなテーブルを、お客さんみんなで、ぐるりと囲み
わいわいおしゃべりしながら過ごすのも、パリらしい時間。
季節の味をとじこめた、軽い口当たりのタルトをぱくり。

bandE de gourmands

おいしそうに焼けた、フレッシュなタルト

tarte au chocolat

fruit de la passion + meringue noisette + zestes de citron vert

ユニークな素材の組みあわせのレシピと、店内奥のアトリエで焼くフレッシュな味わいが人気のタルト・クリュゲール。毎日、サレとシュクレそれぞれ3～4種のタルトが用意されています。シンプルな分、素材が大切というタルト。毎朝届けられる有機野菜と果物を見て、その日に出すメニューを決めるのだそう。店内でいただけるのはもちろん、テイクアウト、そしてインターネットでのオーダーも可能です。

左上：チョコレートムースを焼いたような軽やかなタルト・オ・ショコラは、キャラメリゼしたカカオ豆がアクセント。右上：パッションフルーツのミニタルトに、さわやかなライムの香りを添えて。左下：カトリーヌさんがセレクトした食材や雑貨も販売。中下：カトラリーは、ベルギーののみの市で。右下：洋梨にブルーベリーを加えて酸味をプラスした、季節の果物のタルト。

poire + myrtille

大好きなタルトをみんなで

もともと弁護士だったカトリーヌ・クリュゲールさんがオープンさせたタルト専門店。昔からタルトづくりが得意で、お友だちにふるまっていたのだそう。オリジナルのレシピで手がけたタルトに、ル・コルドン・ブルーの先生でMOFパティシエのニコラ・ベルナルデさんにアドバイスをもらって、いまのお店の味にたどりつきました。

上：マラブー社から出版されている、オリジナルのレシピ本は現在4冊。お店のことを知ってもらう、よいきっかけになったそう。左中：リコッタチーズとほうれん草に、ゴマで香ばしさを加えたタルト。右中：カトリーヌさんが持つトレーに載っているのは、にんじんとレモンコンフィ、コリアンダーのタルト。下：歴史ある建物の石造りの外壁をそのままいかして。

パリでいちばんのアイスクリームを、自由にアレンジ

ベルティヨン
Berthillon

29-31, rue Saint-Louis en l'Île
75004 Paris
tél : 01 43 54 31 61
open : wed-sun 10:00-20:00
métro : Pont Marie
www.berthillon.fr

セーヌ河に浮かぶサン・ルイ島を、お散歩していると
通りには、アイスクリームを食べている人がたくさん。
その姿につられるように、ベルティヨンに向かいます。
テイクアウトのブティックには、列ができているけれど
優雅なサロンでは、ゆっくりと時が流れていくかのよう。
メニューを開くと、40種類ものフレーバーがずらり。
生クリームに、ソースやナッツなど、トッピングもいろいろで
オリジナルのパフェを作るみたいに、組みあわせを楽しんで。
ふわっと溶けて、さっと広がる味と香りに、ぜいたくな気分。

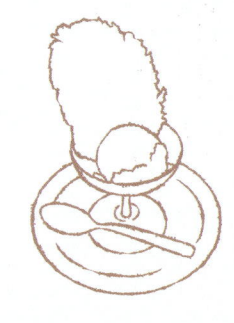

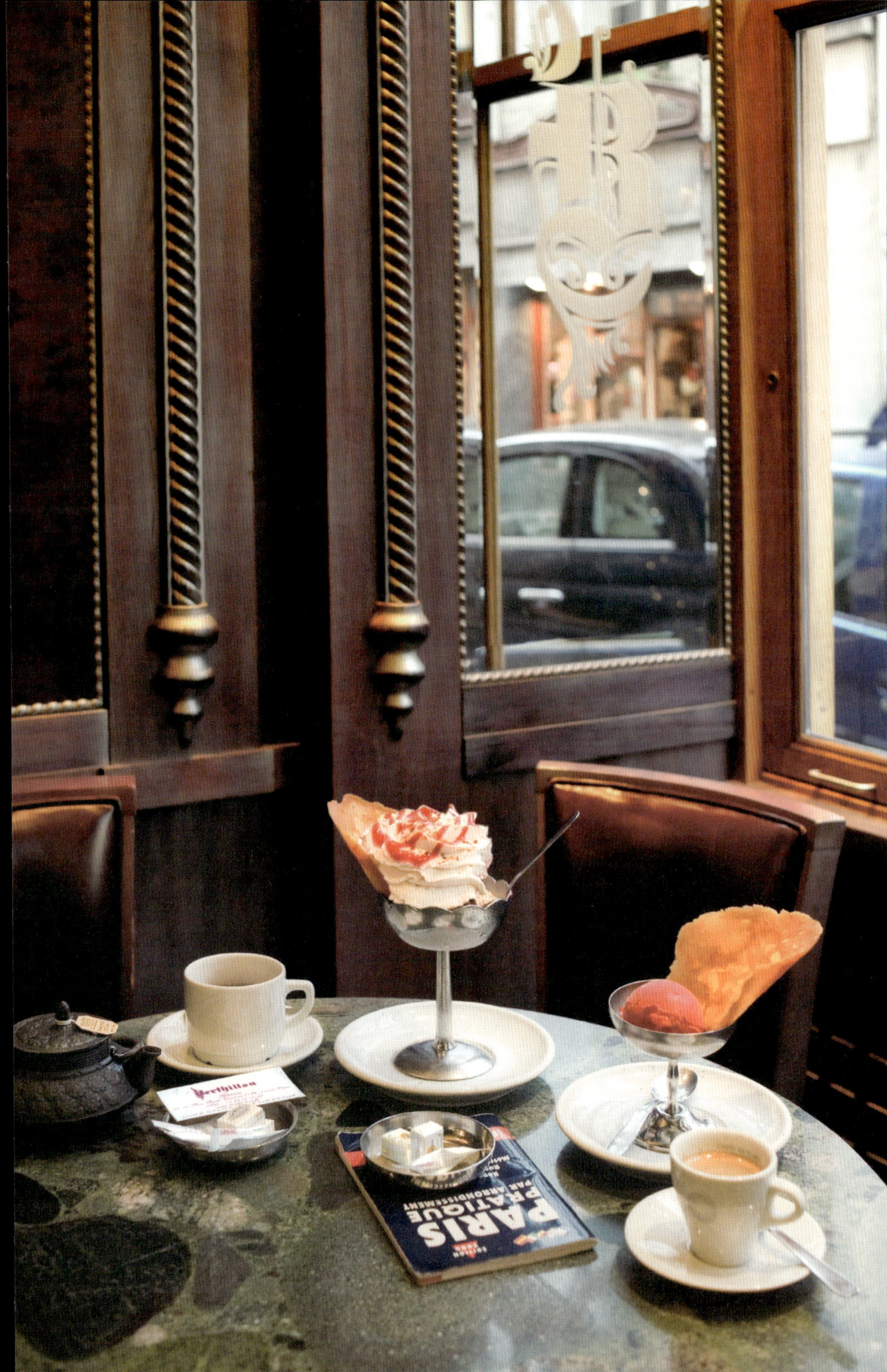

アフォガード・オ・ショコラ

アイスクリームにあたたかい飲み物をかけて楽しむイタリアのデザート、アフォガード。ベルティヨンではエスプレッソをかける「アフォガード・オ・カフェ」と、ショコラショーをかける「アフォガード・オ・ショコラ」があります。お気に入りのアイスを選んで、あつあつのチョコレートとミルクをお好みで。ほどよいところで、ホイップ生クリームもあわせて、めしあがれ！

左中：お好みのアイスクリーム1玉を選ぶ「クープ・サンプル」では、女の子らしい気分で味わえるバラ風味のフランボワーズ味を。自家製の薄焼きクッキー、チュイルが花びらのよう。右中：アイスクリームが見えないほどホイップ生クリームが盛られた「クープ・トリプル」は、3玉をチョイス。下：サロン中央のショーケースに入っているお菓子も、店内奥にあるアトリエで手づくりされています。

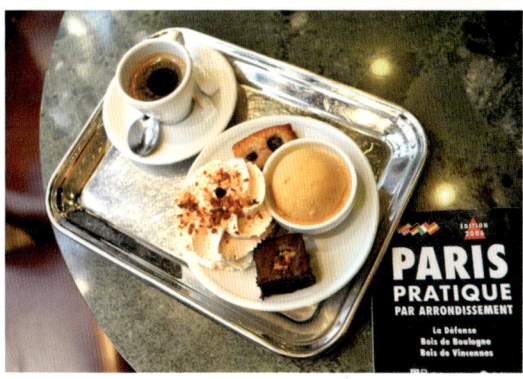

上：アイスクリームにパティスリー、ジャムなどが並ぶブティック。週末になると、保冷バッグを持って1週間分のアイスクリームを買いにくる常連さんも。中：ちょっとずつ、いろいろと試したいときは「カフェ・グルマン」がおすすめ。エスプレッソに、お好みのアイス1玉、ホイップ生クリーム、ミニ焼き菓子2種がセットに。

île Saint-Louis et Île de la Cité

ベルティヨンがあるサン・ルイ島、そして橋でつながるシテ島は、パリ発祥の地とも呼ばれる歴史ある場所。小さなブティックが多いサン・ルイ島でウィンドウショッピングを楽しんだり、セーヌ沿いに歩いたり、シテ島ではノートルダム寺院など美しい建物を眺めたり……。絵になる風景とたくさん出会える、お散歩におすすめのカルチエです。

シンプルでカジュアル、リラックスできるお菓子と空間

ローズ・ベーカリー
Rose Bakery

白いカウンターに並ぶ、キャロットケーキやマフィン
きつね色に焼けたキッシュに、ボウルたっぷりのサラダ。
どれも手づくりのあたたかさがあって、家庭的。
ローズ・ベーカリーは、オーガニックのデリ＆カフェ。
カウンターで選んだバナナとレーズンのカップケーキと
ビーガン・クッキーを持って、店内奥のサロンに。
キッチンからは、お料理する音とおいしそうな香り、
そのお皿をカウンターへと運ぶ様子も眺められて……。
いきいきとした雰囲気も、このお店のスパイスです。

46, rue des Martyrs 75009 Paris
tél : 01 42 82 12 80
open : tue-sat 11:00-19:00, sun 11:00-16:00
métro : Saint-Georges

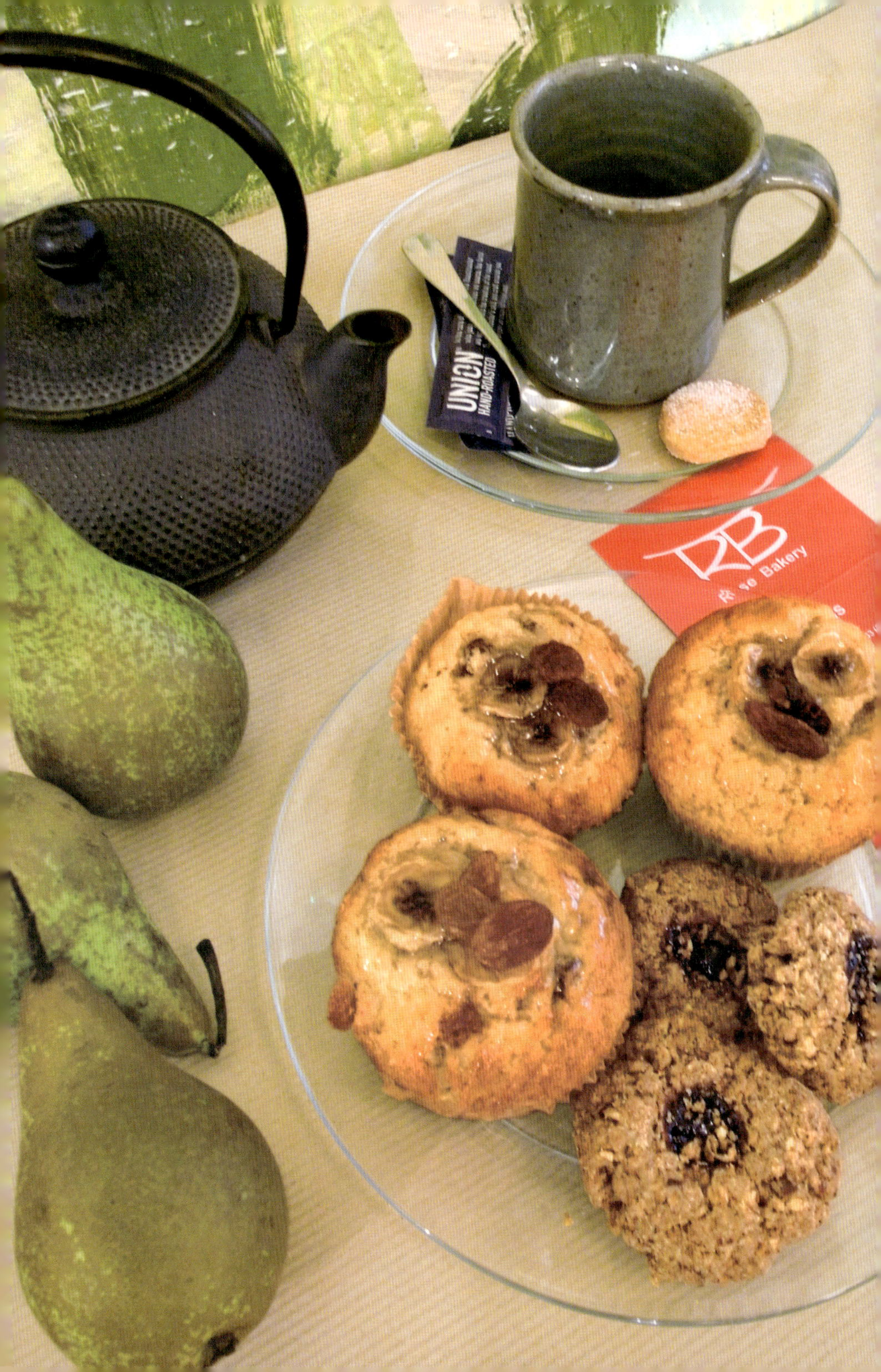
UNION
HAND-ROASTED
RB
Bakery

上：入り口すぐ横にあるカウンターには、おいしそうなお料理やお菓子がいろいろ。壁面の飾り棚にはお茶缶がずらり。左中：バナナとレーズンのカップケーキにレーズン入りスコーン、イギリス出身のローズさんのオリジナル・レシピで作られるお菓子たち。右中：バナナとドライプルーンのマフィン。おいしいものを追求するうちに、有機栽培の素材にたどりついたそう。

素材のおいしさをいかして

ベーカリーの中にあるカフェがコンセプトのローズ・ベーカリー。キッチンと料理が並ぶカウンターが離れているのは、その雰囲気ごと味わってほしいという思いから。オーナーは、もともとファッション業界にいたジャン＝シャルルさん＆ローズ・カラリーニさんご夫婦。素材のおいしさをいかしたシンプルでナチュラルな味にほっとできる空間です。

左上：スモークサーモンとスクランブルエッグに、野菜の盛りあわせ。バリエーション豊かなメニューは、ふたりが旅した国々で出会った料理がインスピレーションソース。左中：外の世界からちょっと離れて、リラックスできるマルティル通り店の雰囲気を楽しんでほしいというジャン＝シャルルさん。左下：ブラウニーチーズケーキ。右下：大胆なハンドペイントがほどこされたサロンの壁面。

かわいらしいカップケーキを楽しむ、ラブリーな時間

ミス・カップケーク
Miss Cupcake

22, rue de la Vieuville 75018 Paris
tél : 09 52 48 42 51
open : winter /
　　　 mon＆wed 14:30-19:00
　　　 thu & fri 11:00-19:30
　　　 sat & sun 11:30-20:00
　　　 summer /
　　　 mon-sun 11:30-21:00
métro : Abbesses
www.misscupcake.fr

ちょっと急なモンマルトルの坂道をのぼって
石畳の路地のつきあたりにある、ミス・カップケーク。
ピンクとパープルにいろどられた、愛らしい外観は
ドールハウスのようで、ドアを開けてみたくなります。
キッチンでは、デコレーションをしているところ。
花柄のお皿に、パステルカラーのクリームがのった
カラフルなカップケーキが、並べられていきます。
かわいらしい空間で楽しむ、ラブリーなケーキは、
女の子同士のおしゃべりのひとときにぴったりのおやつ。

Nos THÉ KUSMI :

Thé vert :
Menthe, Jasmin, Gun Powder, Genmaicha, Rooibos Bio, Détox.

Thé noir :
~~Earl Grey~~, Darjeeling, Ceylan, Lapsang Suchong, St Pétersbourg.

Thé Parfumé :
Anastasia : Earl Grey, citron et fleur d'oranger
Prince Vladimir : Agrume, Vanille, épices
Bouquet de Fl... agrumes, fl...
... menthe

上：ロランスさんがひとめぼれした、イギリスのオリエンタルな柄の壁紙からコーディネートしたインテリア。実際にカップケーキを作っているキッチンの様子が見えるようなサロンにしました。左中：オーナーのロランスさん。右中：日替わりで用意されるカップケーキ。パティシエさんと一緒にレシピを作ったバニラ味をベースに、ロランスさんがさまざまなフレーバーをプラス。

カップケーキでひといき

子どものころニューヨークで、カップケーキに親しんでいたロランスさん。その後、ご主人と一緒に暮らしたロンドンで魅力を再発見。パリではまだめずらしいカップケーキを、心地よいサロンで楽しんでほしいと、このお店をオープンしました。憩いの時間には、その場所にいる人も大切というロランスさん。できるだけお店に立ち、お客さんと触れあうようにしているそう。

キュートな外見に、
アルチザンな味わいを

chocolat

rose-vanille

かわいらしい見た目だけで、もう笑顔になってしまうカップケーキを、もっと楽しんでほしいとロランスさんは、素材や作り方に気を配って手がけています。ベースとなる素材は、有機栽培の小麦粉に、ノルマンディ産バター、フレッシュなたまご。そしてチョコレートもヴァローナ社のものを。カップケーキの上のバタークリームは、軽やかな味わいになるようにバターと砂糖の分量を調節、空気を含めてふんわりと泡立てています。

左上：チョコレートのカップケーキ。右上：ロランスさんいちばんのお気に入りローズ＆バニラ。左下：ショップカードのイラストは、お店の近くのバーで出会ったグラフィック・デザイナーさんによるもの。小さな村のようなつながりに、モンマルトルらしさを感じます。中下：ノルマンディ産のジャム。右下：ブルーベリーのカップケーキは、スポンジの中にもフレッシュな果実を。

myrtille

トーストのいい香りに包まれて、とっておきのパンを

キュイジーヌ・ドゥ・バー
Cuisine de Bar

大きなボウルを抱えるようにして飲む、カフェ・オ・レに
天然酵母を使った大きな丸パン、ミッシュのスライス。
そのそばには、フレッシュなバターとジャムが添えられて。
おいしいポワラーヌのパンを使ったメニューが楽しめる
キュイジーヌ・ドゥ・バーで、パリらしい朝ごはん。
子どもたちが大好きなチョコレートのタルティーヌも
ここではパンやチョコレートもスペシャルで、ぜいたくな味。
中央のオープンキッチンで、トーストしてくれるパンの
焼ける香りは朝のよろこび、今日1日いいことがありそう。

38, rue Debelleyme 75003 Paris
tél : 01 44 61 83 40
open : tue-sun 8:30-22:00
métro : Filles de Calvaire
www.poilane.fr

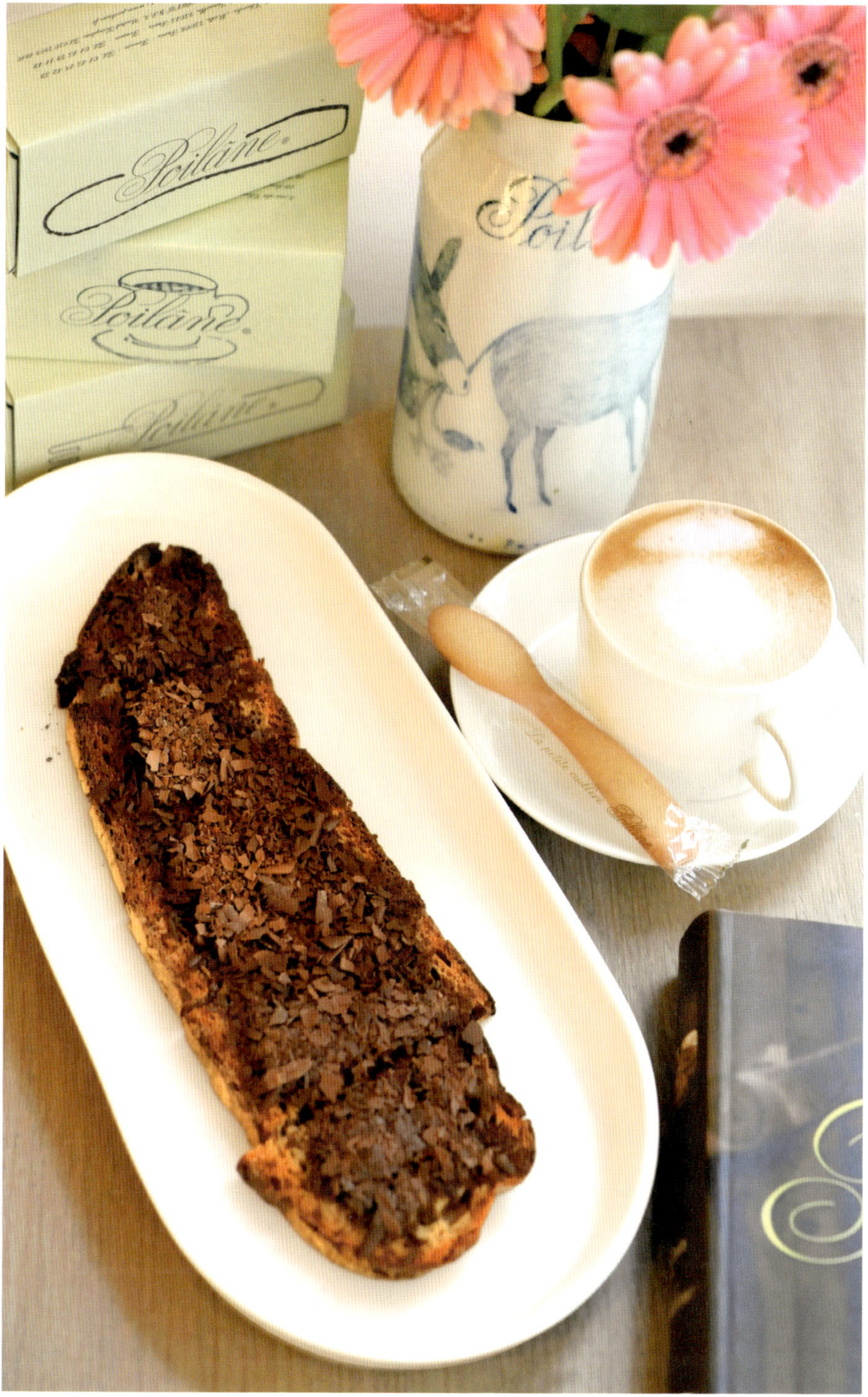
Poilâne
Poilâne

左上：オーナーのアポロニア・ポワラーヌさん。タルティーヌ専用の細長いプレートは、ル・プチ・アトリエ・ドゥ・パリのもの。左下：フランは、午後のおやつに人気。右上：サロンではタルティーヌのほか、サラダやスープ、パティスリーも揃っていて、朝から夜まで楽しめます。壁面に飾られているのは、パンの包み紙を素材にした、キム・チョン・ファンのアート作品。

さわやかなりんごのタルト

1932年創業の老舗パン屋さん、ポワラーヌ。田舎パンと同じく人気を集めるのが、さっくりしたパイ生地の中にジューシーなりんごをいれて、バニラシュガーをかけたタルト・オ・ポンム。りんごのコンポートを包んだ、半月型のショソン・オ・ポンムとどちらにするか迷います。キュイジーヌ・ドゥ・バーの横にはパン屋さんが併設されているので、テイクアウトも。

Air de Paris

パリらしい眺めや空間を、お茶のお供に

バラと緑、ロダンの彫刻がちりばめられた美しい庭園カフェ

ル・ジャルダン・デュ・ヴァレンヌ
Le Jardin du Varenne

Musée Rodin, 77, rue de Varenne
75007 Paris
tél : 01 45 50 42 34
open : tue-sun 10:00-16:30
métro : Varenne
www.musee-rodin.fr

彫刻家ロダンが暮らし、アトリエにしていたビロン邸。
いまはロダン美術館になっていて、とても素敵な庭園も。
美しく整えられた木々と、優雅なバラの花たち、
いきいきとした緑のあいだからは、名作がかいま見えて。
背の高い木々が作る、並木道を行くと、その途中に
ル・ジャルダン・デュ・ヴァレンヌがあります。
セルフサービスのカフェは、テラス席もあって開放的。
お庭のガイドブックを見ながら、お茶をしていたら
おいしそうなお菓子に、すずめがちょこんと遊びにきました。

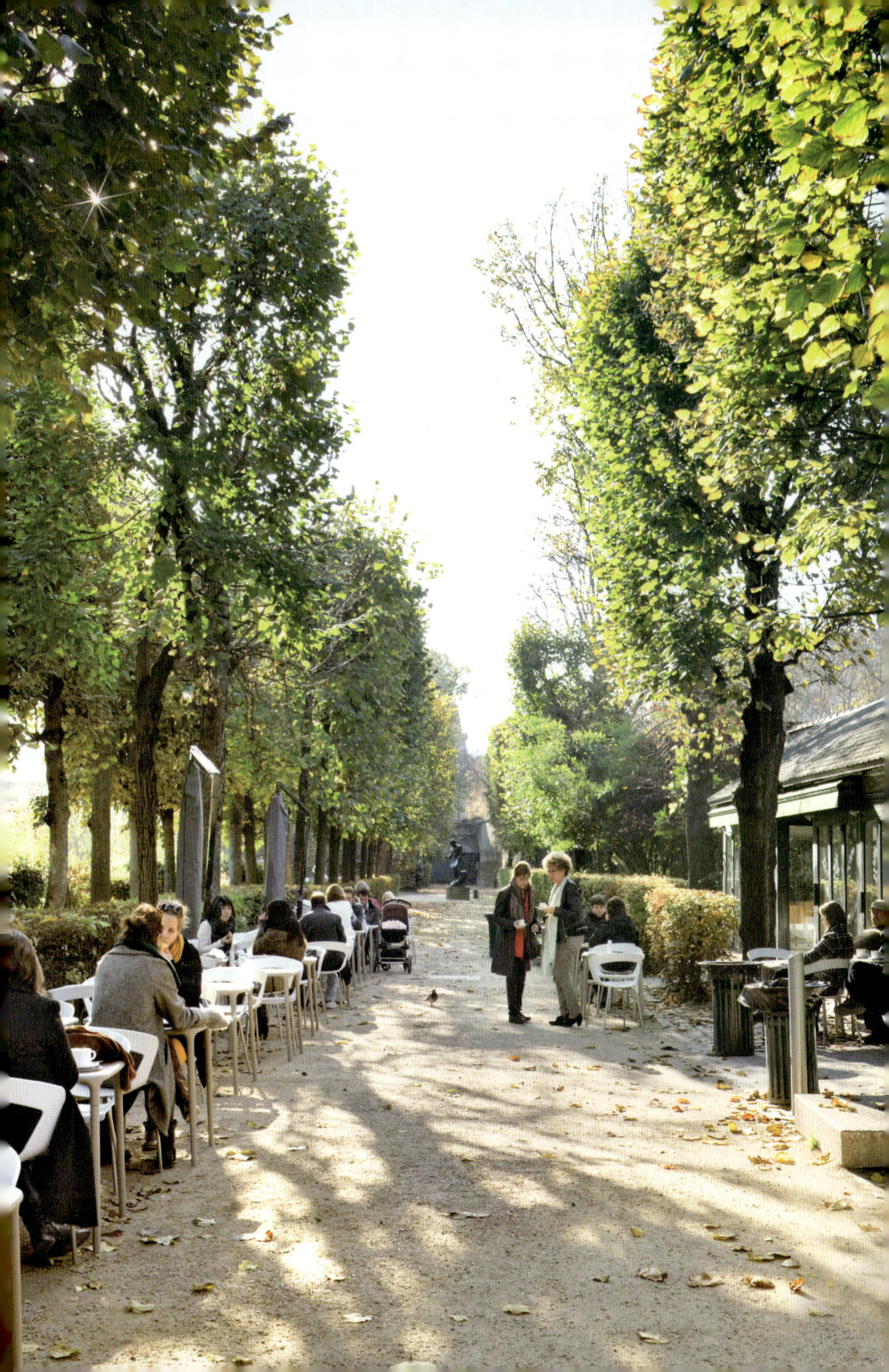

アートとロマンスの庭

ヴァレンヌ通りにあるロダン美術館は、その庭園の美しさで、お散歩にロマンチックな場所として、パリジェンヌたちにも人気。ロダンとカミーユ・クローデルの情熱的な物語も、私たちをひきつけるのかもしれません。2012年はビロン邸の改装が行われているので、ウェブサイトで情報を確認して。

上：ミニパンとジャム＆バター、そしてあたたかい飲み物のプチ・デジュネ・セットで朝ごはん。左中：カフェのガラス窓は、バラが美しいことで有名な庭園にちなんで、バラのステッカーでデコレーション。右中：ミュージアム・ショップで見つけた、オリジナルのカードやペン。下：あじさいの植え込みに囲まれるテラス席。初夏には花が満開に。

左上:ビロン邸の東側にある「The Three Shades」。左中:ビロン邸のテラス沿いに植えられたバラ「ロダン・ローズ」は、2005年に生まれた品種。右上:美しい円すい状にトリミングされた庭木のあいだから見える、名作「考える人」。左下:彫刻をバックに記念撮影を楽しむ人たちも。自由にアートに触れることができる庭園です。

フランス映画好きにおすすめ、居心地のいいサロン

ル・サロン・デュ・シネマ・デュ・パンテオン
Le Salon du Cinéma du Panthéon

トリュフォーやゴダール、アラン・レネなど
ヌーヴェルヴァーグを代表する監督とも、ゆかりの深い
シネマ・デュ・パンテオンは、もっとも古い映画館のひとつ。
チケット売り場のうしろの階段をあがっていくと
その上に、広々としたサロン・ド・テがあらわれます。
ひとつひとつ違ったソファーに囲まれるテーブルは、
友だちの家に遊びにきたような、リラックスした雰囲気。
このインテリアには、カトリーヌ・ドヌーヴも協力。
あこがれのフランス映画の世界に近づけた気分です。

13, rue Victor Cousin 75005 Paris
tél : 01 56 24 88 80
open : mon-fri 12:00 - 19:00
métro : Cluny la Sorbonne
www.whynotproductions.fr/pantheon

上：アンティーク屋さんでデコレーターのクリスチャン・サベが手がけたインテリアに、カトリーヌ・ドヌーヴも協力。左中：クランブルをお茶のお供に。テーブルの下には、映画館のオーナー会社ホワイ・ノット・プロダクションズが受賞したセザール賞のトロフィー。右中：フルーツサラダを、テラス席で。右下：ランチメニューのトルティーヤは、付けあわせにその日のサラダを2種類セレクトすることができます。

時間を忘れて、ゆったりと

シネマ・デュ・パンテオンの誕生100周年を記念して2007年にオープン。映画にはポップコーンとコーラが付き物だけれど、この映画館では、もっとゆったりとした時間と人々との出会いを楽しんでほしいという思いから生まれました。時間を忘れてくつろげる空間と、家庭的な味わいの料理とお菓子が人気で、いつもたくさんの人でにぎわいます。

パリの街を一望できる、レストランのティータイム

レ・ゾンブル
Les Ombres

セーヌ左岸沿いにある、ケ・ブランリー美術館。
ジャン・ヌーヴェルがデザインしたユニークな建物の
最上階にあるレストランが、レ・ゾンブルです。
ちょっと高級感あふれる、私には背伸びした場所だけれど
パリを一望する、その眺めはぜひ一度試してみたい！
サロン・ド・テとしてオープンしている午後の2時間に
エッフェル塔をすぐ目の前に見ながら、ティータイム。
美しく盛りつけられた、味わいも軽やかなパティスリーと
ぜいたくな眺めは、パリのとっておきの思い出になりそう。

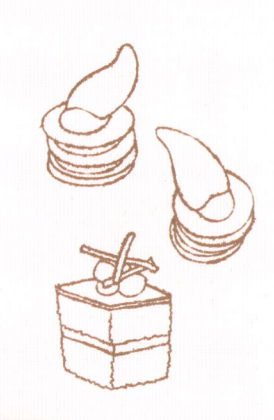

27, quai Branly 75007 Paris
tél : 01 47 53 68 00
open : mon-sun 15:00-17:00
métro : Alma-Marceau
www.lesombres-restaurant.com

左上：以前はミシュランの星を持つレストラン、ドルーアンにいたパティシエのパスカル・シャンソーさん。ランチやディナーのあとのデザートから、ティータイムのパティスリーまで手がけています。左下：サフランの風味をつけたジューシーなオレンジに、マカロンとカルダモン風味のクレーム・ブリュレが載ったデザート「サフラン」。右上：エッフェル塔に手が届きそうなテラス席も。

影とともに太陽の動きを感じて

レ・ゾンブルは、フランス語で影という意味。ガラス張りの店内に建物の鉄骨とエッフェル塔の影が落ちる様子はドラマチック。ティータイムにはパリ・ブレストなどのパティスリーのほか、ひとくちサイズのケーキが3種セットになったカフェ・グルマンも。今日のお菓子はチョコレート・ミルフィーユと、アプリコット・フィナンシェ、そしてカフェ・シューでした。

アールヌーヴォーの回廊の中にある、小さなオアシス

ル・ジャルダン・デュ・プチ・パレ
Le Jardin du Petit Palais

やわらかいピンクと白のハーモニー、美しい天井画
そしてモザイクタイルの床が、エレガントなプチ・パレ。
このアールヌーヴォーの雰囲気にひたることができるのが
緑の中庭をぐるりと囲む、回廊の柱と柱のあいだに、
テーブルが並べられた、カフェのテラス席。
セルフサービスのカウンターで、「カフェ・グルマン」を
オーダーしたら、植物や噴水を見ながら、ひといき。
すばらしいアートに囲まれた、小さなオアシスには、
いまにもドレスを着た貴婦人が、しずしずとあらわれそう。

Musée Petit Palais, avenue
Winston Churchil 75008 Paris
tél : 01 40 07 11 41
open : tue & wed, fri-sun
    10:00-17:15
    thu 10:00-19:30
métro : Champs-Élysées-
    Clemenceau
www.petitpalais.paris.fr

上：プチ・パレの中心に位置する中庭には、やしの木などが植えられ、ちょっとエキゾチックな雰囲気。円形になった庭を見渡せる回廊では、優美な建築とフレッシュな空気を楽しむことができます。左中：回廊には、ところどころ19世紀の彫刻作品も。右中：グラスでサーヴされるクランブルとカフェモカ。

シャンゼリゼ散策の休憩にも

1900年パリ万博のために建てられたプチ・パレは、パリ市立美術館として紀元前のギリシャ、ローマの美術品をはじめ、18〜19世紀にかけての絵画や彫刻、家具や装飾品など幅広いコレクションが展示されています。常設展の見学とカフェの利用のための入館は無料。エントランス・ホール奥にある受付で、カフェ利用の旨を伝えてチケットを受けとってから、入館しましょう。

シックな子ども服ブランドのおしゃれなサロン

サロン・ド・テ・ボンポワン
Salon de Thé Bonpoint

シックでポエティックなフランスの子ども服ブランド
ボンポワンのコンセプトストアで、ショッピング。
部屋ごとに、いろいろなディスプレイがされていて
遊びごころある空間に、かわいいアイテムがたくさん。
ブティックを見て回ったら、階段を降りたフロアにある
石畳の中庭に面した、アーチ型天井のサロン・ド・テへ。
中央の大きなテーブルの上のガラスドームの中には
おいしそうなホームメイドタイプのケーキがいろいろ。
子どもだけでなく、大人もわくわくできるサロンです。

6, rue de Tournon 75006 Paris
tél : 01 56 24 05 79
open : mon-sat 10:00-18:00
métro : Odéon
www.bonpoint.com

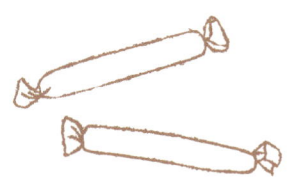

Plat du Jour:
Velouté de carottes,
courgettes, cumin serin
avec un tartine de
houmos (pois chiche,
citrons confits) salade
sauce basilic.
16€

上：子どもたちのためにハイチェアや絵本も用意されているサロン。落ち着いた雰囲気なので、大人もゆっくり過ごせそう。左中：今日のお菓子が3種、盛りあわせられた「カフェ・グルマン」。ブラウニーにタルト、星形のパイがかわいらしい。右中：ママたちにもなつかしい、パリの子どもたちに昔から愛されてきたグミやキャンディーなどのお菓子も用意されています。

子どものためのメニューも

リュクサンブール公園から近い場所にあるボンポワンのコンセプトストアは、17世紀の大邸宅をリノベーションした、ゆったりとした空間。サロン・ド・テのテラス席になっている中庭をぐるりと囲むように、子ども服や雑貨が並ぶ部屋が続いています。サロンのお料理やお菓子、飲み物はア・プリオリ・テのディレクション。子どもたちにもやさしいメニューが用意されています。

Thé d'Ailleurs

パリで味わう、外国のティータイム

パリのスウェーデンでほっこり、シンプルな家庭の味

カフェ・スウェドワ
Café Suédois

11, rue Payenne 75003 Paris
tél : 01 44 78 80 11
open : tue-sun 12:00-18:00
métro : Saint-Paul

ぬくもりある木の素材に、明るく、さわやかな色使いで
私たちのこころをほっとさせてくれる、北欧のデザイン。
そんなスウェーデンの文化と、マレ地区で出会うことができます。
アーティストの作品展や、映画の上映などが行われる
カルチャーセンターの一角には、ランチからおやつまで
スウェーデンの味を楽しめる、カフェ・スウェドワも。
シナモンとカルダモンが香る甘いパン、カネル・ブッレは
スウェーデンのお茶時間、フィーカに欠かせないお菓子。
たっぷりと注がれた、コーヒーとの相性もぴったりです。

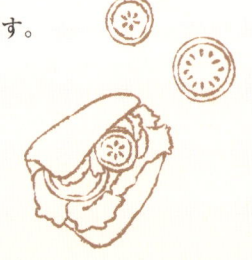

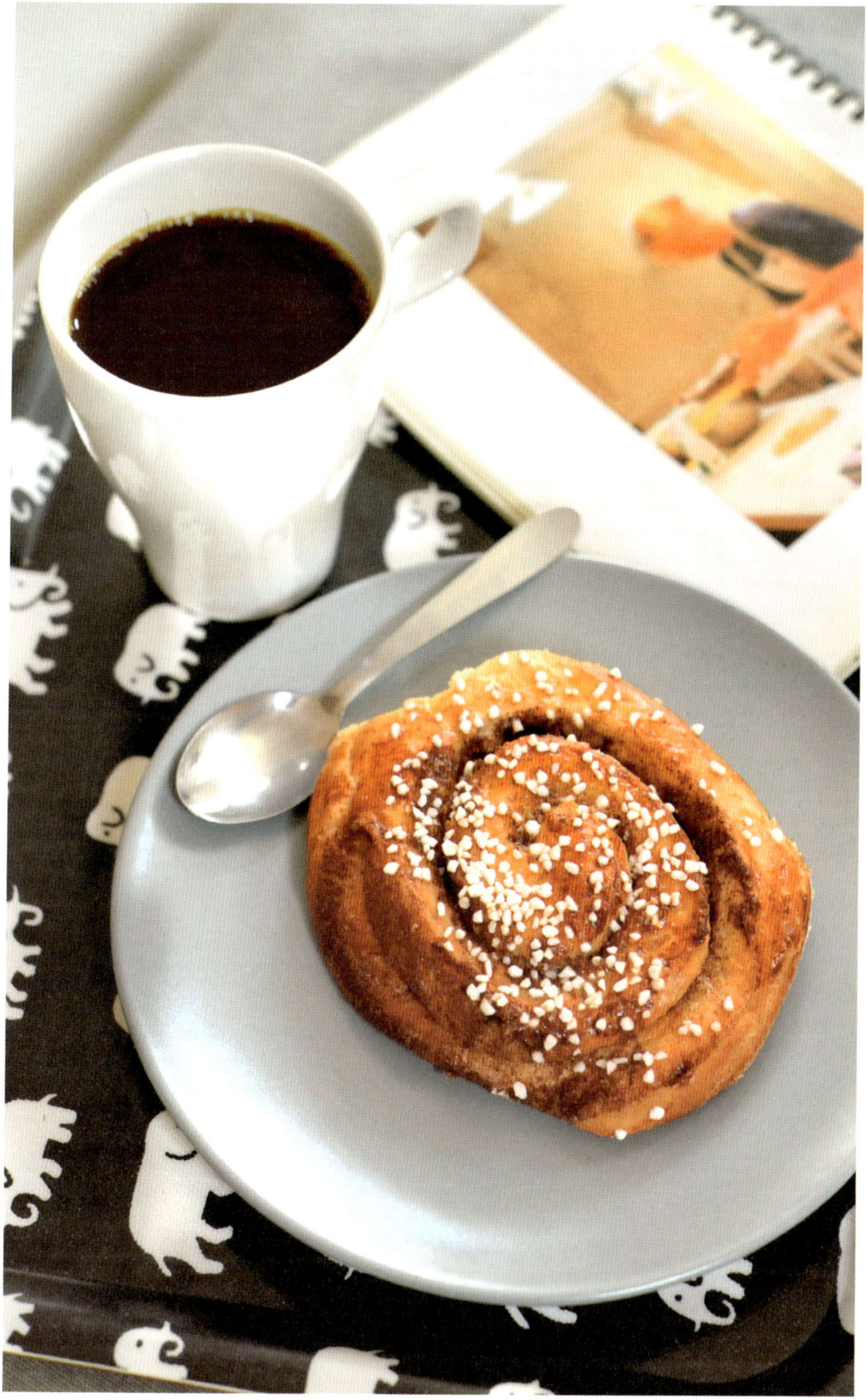

上：スウェーデン・カラーの水色のとびらの内側に広がる石畳の中庭でも、食事やお茶を楽しむことができます。カフェの入り口は、左手の白いフレームのドア。**左中**：店内の小物にもスウェーデン・デザインがたくさん。トレーはスヴェンスク・テンのもの。**右中**：カウンターの大皿の上に、作りたてのお菓子やサンドウィッチが並びます。

スウェーデンの家庭の味

たくさんの人にスウェーデンの文化に親しんでもらいたいという思いから、気軽に立ち寄ることができる場所としてオープンしたカフェ・スウェドワ。もともとセンターで働いていた、料理上手なアンナ・ノルデンマルクさんが手がける、家庭的なスウェーデンの味が大人気に。サンドウィッチにスープなどの軽食、ケーキやパンはすべて、なくなり次第終了なので、はやめに訪れて。

左上：サーモンやニシンを使ったサンドウィッチ。スウェーデンでは黒パンがポピュラーだけれど、アンナさんは白いパンも用意して食べやすく。右上：矢車菊が散らされたサフランのケーキは、いろどりもきれい。下：白をベースにした空間に、ぬくもりを加える木製の家具はイケアのもの。壁面には、センター内のギャラリーで展示をしているアーティストの作品をディスプレイ。

おしゃべりも弾む、素朴な味わいウィーンのお菓子

ラ・パティスリー・デ・ヴィエノワーズ
La Pâtisserie des Viennoises

フランスのお菓子と、ひと味違う魅力を持つのが
クラシカルで、素朴なおいしさのウィーン菓子。
なつかしさを感じさせる味わいは、パリでも人気で
このラ・パティスリー・デ・ヴィエノワーズの
小さなサロンは、いつもおしゃべりでにぎやかです。
ウィーン風コーヒーのたっぷりクリームに驚きながら
アップルシュトゥルーデルをいただいていたら
ケーキにもクリームを添えなきゃ！と隣のテーブルから
マダムがウィンク。そんな距離感も楽しい空間です。

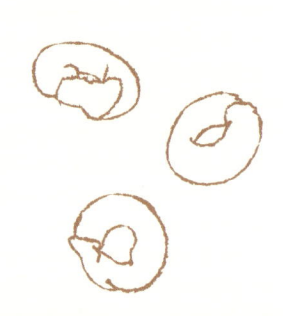

7, rue de l'École de Médicine
75005 Paris
tél : 01 43 26 60 48
open : mon-fri 9:00 - 19:00
métro : Odéon

昔ながらの味を大切に

1928年にハンガリー出身のパティシエさんがオープンしたラ・パティスリー・デ・ヴィエノワーズ。いまのオーナーは4代目で、もともとバスティーユでパン＆お菓子屋さんを営んでいたギヨーさんご夫婦。このお店の愛らしさが気に入って、昔ながらのレシピやインテリアを大切にそのまま残しています。

左中：ウィーンを代表するお菓子、ザッハトルテ。チョコレート味のバターケーキに、あんずのジャムをサンドして、チョコレートでコーティング。右中：クリスマスの伝統的なお菓子でもあるキフリは、けしの実とくるみの2種類を用意。下：バスがすれすれのところを走るほど、細い通り沿いにあるお店。

スコーンとミルクティーで、イギリス風のティータイム

ザ・ティー・キャディ
The Tea Caddy

14, rue Saint Julien le Pauvre
75005 Paris
tél : 01 43 54 15 56
open : mon-wed, sat & sun
　　　 11:00-19:00
　　　 thu & fri 11:00-23:00
métro : Saint-Michel
the-tea-caddy.com

ノートルダム寺院のすぐそば、ツーリストも多い
にぎやかなセーヌ沿いの通りから、すこし入るだけで
ひっそりと静かに、緑が広がって、空気も変わるよう。
そんな小さな通り沿いにある、木のファサードの
ザ・ティー・キャディは、英国スタイルのティールーム。
イギリスでデヴォンシャー・クリーム・ティーと呼ばれる
組みあわせでティータイム。紅茶はもちろんミルクティー。
あたたかいスコーンから、クロテッドクリームと
ストロベリーのジャムが、とろりと溶け出します。

上：1928年オープン当時から変わらない、木造のファサード。ステンドガラスの窓からは、目の前の広場の緑が眺められるので、窓辺の席がおすすめ。左下：プラムの一種、クエッチのタルトは、フィリングの上にパイ生地をデコレーションする、イギリス風の仕上げ。右下：近くには、英語の書籍専門のシェークスピア＆カンパニー書店も。

英国らしさがあちこちに

店名は英語で、お茶缶という意味。イギリスらしい紅茶をはじめ、日本茶や中国茶、4代目オーナーのソフィーさんによるブレンドティーも楽しめます。そのほかの素材にもこだわっていて、ジャムはすべて自家製でフレッシュなうちに、ベーコンやソーセージはイギリスの食材専門店から仕入れています。19世紀はじめからイギリスで人気のウィローパターンの食器も、パリでは新鮮です。

イスラムの文化にふれながら、モスクでミントティー

グランド・モスケ・ドゥ・パリ
Grande Mosquée de Paris

39, rue Geoffroy Saint-Hilaire
75005 Paris
tél : 01 43 31 38 20
open : mon-sun 9:00-24:00
métro : Censier Daubenton
www.la-mosquee.com

緑豊かな植物園や自然史博物館のすぐ近くにある
まっ白な外壁で囲まれた、緑のかわら屋根の建物。
門をくぐると、モザイクタイルの美しい装飾が広がる
グランド・モスケ・ドゥ・パリは、イスラム教の礼拝堂。
建物内にはサロン・ド・テにレストラン、雑貨屋さん
サウナとマッサージを体験できるハマムもあります。
中庭のテーブルに座ったら、まずはミントティーを。
さわやかで甘いお茶に、アラブ菓子がよくあいます。
異国情緒にふれて、パリにいることを忘れてしまいそう。

上：パリのイスラム教徒の神聖な祈りの場所でありながら、たくさんのパリジャンに愛されているモスク。左中：休日は、順番待ちの列ができるほど混雑。空いたグラスを集めるギャルソンも忙しそう。右中：しっかりした甘みの中にも食べやすい素朴さのあるアラブ菓子。中庭を抜けて、中央の建物内に置いてあるショーケースから好みのものを選ぶシステム。

パリに吹くオリエントの風

街中に突然あらわれるモスクの建物はおごそかで、近寄りがたいイメージがあるけれど、実は建物内や庭も見学可能。モザイクタイルの装飾が美しい回廊やパティオ、ぶどうやいちじくの木、藤などの植物たちが、オリエントの風を運んでくるようです。レストランでいただける、クスクスやタジンなどの料理もおすすめ。パリにいながらにして、次の旅の体験ができるような場所です。

toute l'équipe du livre

édition PAUMES

Photographe : Hisashi Tokuyoshi

Design : Kei Yamazaki, Megumi Mori

Illustrations : Kei Yamazaki

Textes : Coco Tashima

Conseillère de la rédaction : Fumie Shimoji

Éditeur : Coco Tashima

Sales Manager : Rie Sakai

Art direction : Hisashi Tokuyoshi

Collaboration & coordination : Aya Ito

Contact : info@paumes.com   www.paumes.com

Impression : Makoto Printing System

Distribution : Shufunotomosha

Nous tenons à remercier tous les gourmands qui ont collaboré à ce livre.

édition PAUMES   ジュウ・ドゥ・ポゥム

ジュウ・ドゥ・ポゥムは、フランスをはじめ海外のアーティストたちの日本での活動をプロデュースするエージェントとしてスタートしました。
魅力的なアーティストたちのことを、より広く知ってもらいたいという思いから、クリエーションシリーズ、ガイドシリーズといった数多くの書籍を手がけています。近著には「北欧ストックホルムの雑貨屋さん」「フィンランドの子ども部屋」などがあります。ジュウ・ドゥ・ポゥムの詳しい情報は、www.paumes.comをご覧ください。

また、アーティストの作品に直接触れてもらうスペースとして生まれた「ギャラリー・ドゥ・ディマンシュ」は、インテリア雑貨や絵本、アクセサリーなど、アーティストの作品をセレクトしたギャラリーショップ。ギャラリースペースで行われる展示会も、さまざまなアーティストとの出会いの場として好評です。ショップの情報は、www.2dimanche.comをご覧ください。

Lovely Tea Time in Paris
パリでおいしいお茶時間

2012年 3月31日 初版第 1刷発行

著者：ジュウ・ドゥ・ポゥム

発行人：徳吉 久、下地 文恵
発行所：有限会社ジュウ・ドゥ・ポゥム
　　　　〒150-0001 東京都渋谷区神宮前 3-5-6
　　　　編集部 TEL / 03-5413-5541
　　　　www.paumes.com

発売元：株式会社 主婦の友社
　　　　〒101-8911 東京都千代田区神田駿河台 2-9
　　　　販売部 TEL / 03-5280-7551

印刷製本：マコト印刷株式会社

Photos © Hisashi Tokuyoshi
© édition PAUMES 2012 Printed in Japan
ISBN978-4-07-282932-5

Ⓡ＜日本複写権センター委託出版物＞
本書(誌)を無断で複写複製(電子化を含む)することは、著作権法上の例外を除き、禁じられています。本書(誌)をコピーされる場合は、事前に日本複写権センター(JRRC)の許諾を受けてください。
また本書を代行業者等の第三者に依頼してスキャンやデジタル化することは、たとえ個人や家庭内での利用であっても、一切認められておりません。
日本複写権センター(JRRC)
http://www.jrrc.or.jp　eメール：info@jrrc.or.jp　電話：03-3401-2382

＊乱丁本、落丁本はおとりかえします。お買い求めの書店か、
　主婦の友社 販売部 03-5280-7551 にご連絡下さい。
＊記事内容に関する場合はジュウ・ドゥ・ポゥム 03-5413-5541 まで。
＊主婦の友社発売の書籍・ムックのご注文はお近くの書店か、
　コールセンター 049-259-1236 まで。主婦の友社ホームページ
　http://www.shufunotomo.co.jp/ からもお申込できます。

ジュウ・ドゥ・ポゥムのクリエーションシリーズ

見た目にもおいしい、パリのお菓子ガイド
Pâtisseries à Paris
パリのお菓子屋さん

著者：ジュウ・ドゥ・ポゥム
ISBNコード：978-4-07-267890-9
判型：A5・本文 128ページ・オールカラー
本体価格：1,800円（税別）

パリにはグルメでかわいいおみやげがいっぱい
Délicieux Souvenirs de Paris
パリのおいしいおみやげ屋さん

著者：ジュウ・ドゥ・ポゥム
ISBNコード：978-4-07-272276-3
判型：A5・本文 128ページ・オールカラー
本体価格：1,800円（税別）

甘くとろけるチョコレートで、パリめぐり
Chocolats à Paris
パリのチョコレート屋さん

著者：ジュウ・ドゥ・ポゥム
ISBNコード：978-4-07-275978-3
判型：A5・本文 128ページ・オールカラー
本体価格：1,800円（税別）

パリジェンヌの部屋に飾られていた、あの雑貨を
Kawaii Stores Paris
パリの雑貨屋さん

著者：ジュウ・ドゥ・ポゥム
ISBNコード：978-4-07-280732-3
判型：A5・本文 128ページ・オールカラー
本体価格：1,800円（税別）

本を愛する人のためのパリガイド
Paris Bouquins
パリの本屋さん

著者：ジュウ・ドゥ・ポゥム
ISBNコード：978-4-07-261574-4
判型：A5・本文 128ページ・オールカラー
本体価格：1,800円（税別）

美しいパリの花と、21軒のフローリスト
Paris des fleurs et des fleuristes
パリの花とフローリスト

著者：ジュウ・ドゥ・ポゥム
ISBNコード：978-4-07-264963-3
判型：A5・本文 128ページ・オールカラー
本体価格：1,800円（税別）

www.paumes.com

ご注文はお近くの書店、または主婦の友社コールセンター（049-259-1236）まで。
主婦の友社ホームページ（http://www.shufunotomo.co.jp/）からもお申込できます。